梁小民 著 ECONOMICS LOGIC

经济学逻辑

贵州出版集团
贵州人民出版社

图书在版编目（CIP）数据

经济学逻辑 / 梁小民著． -- 贵阳：贵州人民出版社，2023.6
 ISBN 978-7-221-17655-4

Ⅰ．①经… Ⅱ．①梁… Ⅲ．①经济学－通俗读物 Ⅳ．①F0-49

中国国家版本馆CIP数据核字（2023）第078485号

经济学逻辑
JINGJIXUE LUOJI

梁小民 / 著

出 版 人	朱文迅
责任编辑	程林骁
装帧设计	樊蓉蓉
封面设计	王 鑫
出版发行	贵州出版集团　贵州人民出版社
地　　址	贵阳市观山湖区会展东路SOHO办公区A座
邮　　编	550081
印　　刷	大厂回族自治县德诚印务有限公司
开　　本	890mm×1240mm　1/32
印　　张	10
字　　数	198千字
版次印次	2023年6月第1版　2023年6月第1次印刷
书　　号	ISBN 978-7-221-17655-4

定　价　99.00元

第一篇
经济学中的生活逻辑

如何筛选真实信息 / 003

克服人性的缺点 / 007

欲望不是贪婪 / 011

爱钱不是错 / 015

交易为什么是双赢的 / 019

当利己心成为财富动力 / 023

意外之财的坏处 / 027

懂得选择才幸福 / 031

理财不是守财 / 035

将吃进去的书本消化 / 039

学历不是唯一标准 / 043

用人力资本创造财富 / 048

警惕经济学流言 / 053

第二篇
经济学中的经商逻辑

经营管理有规律无模式　/ 058

多元化经营的途径　/ 062

有特色不愁销路　/ 066

从商不学胡雪岩　/ 070

大有大的难处　/ 074

合伙人的分红争吵　/ 078

妥协与让步的生存之道　/ 082

鼠盟式的价格联盟　/ 086

产业链上的合作双赢　/ 090

互助才有互利　/ 094

竞争中制胜之道　/ 098

投入不是越多越好　/ 102

占小便宜吃大亏　/ 106

菜好不光在盐　/ 110

从一个鸡蛋到百万富翁 / 114

激励制度的灾难 / 118

揠苗助长的失误 / 122

企业文化与榜样作用 / 126

买椟还珠中的成本控制 / 130

朝四暮三的创新意义 / 134

负面影响的解决之道 / 138

善用利己本性 / 143

上层人士的示范效应 / 147

计算收益不能刻舟求剑 / 151

做个高尚的富人 / 156

第三篇
经济学中的治国逻辑

杀鸡其实无卵 / 162

目 录

爱国企也爱民企 / 166

酸葡萄心态 / 170

平等与效率难两全 / 174

让雨下在最需要的地方 / 178

政府不能包打天下 / 182

良好动机的恶果 / 186

弱势群体的平等权利 / 190

法律不是稻草人 / 194

"狐狸盖鸡舍"现象 / 198

没有十全十美的经济制度 / 202

别为眼前利益放弃根本原则 / 206

别靠绳子留住羊 / 210

别拔金天鹅的毛 / 214

公平与效率兼顾 / 218

公有财产的悲剧 / 222

让背信成本大于利益 / 226

微调的治国艺术 / 230

苦干不如巧干 / 234

广开言路才能求医治病 / 238

共同富裕不是杀富济贫 / 242

滥竽充数错在宣王 / 246

盲目套用如东施效颦 / 250

将实话请回来 / 254

经济中的狼与羊 / 258

庄周的交易双赢论 / 262

消费的功劳 / 266

杞人忧天的先见之明 / 271

附 录

经济学与读书——北京大学讲座 / 276

经济学是一种人生哲学，不是教人发财致富，经邦治国，而是教人正确对待人生的。把经济学作为生活哲学才看出那些技术分析工具背后的深刻沉思。

如何筛选真实信息

记载魏晋南北朝时期文人雅士的《世说新语》中就讲了这样一件事:

郗太傅在京口,遣门生与王丞相书,求女婿。丞相语郗信:"君往东厢,任意选之。"门生归白郗曰:"王家诸郎,亦皆可嘉,闻来觅婿,咸自矜持,惟有一郎在床上坦腹卧,如不闻。"郗公云:"正此好。"访之,乃是逸少,因嫁女与焉。

这个故事中的逸少就是大书法家王羲之。这个故事也是把女婿称为东床的来历,由此还有了"东床娇客""东床娇婿""东床坦腹"之类比喻好女婿的成语。

我们的古人大概不懂什么信息不对称理论，但他们发送与筛选信号的技巧，连我们现代人都自叹弗如。

婚姻市场（经济学家把结婚作为一种交易，似乎没人情了一点，但你不得不承认，这在大多数婚姻中都是一个事实）是一个信息最不对称的市场，双方都有公开信息（容貌、身高、出身等），也有私人信息（个性、气质等）。如果把求婚者（想把自己"卖"出去）作为卖方，接受者（想"买"一个配偶）作为买方，这就类似二手汽车市场了。求婚者想把自己"卖"出去，就要扩大，甚至伪造对自己有利的信息（看看征婚广告你就理解这一点了），接受者要"买"到合适的配偶，就必须对这些信息进行筛选，找出真实信息作为决策依据。这样，婚姻要能成功——求婚者发信号，以使对方相信自己信息的真实性；接受者筛选信号，找出真实信息——就十分重要了。

当然，信息也可以由中间人——媒婆——来沟通。但媒婆沟通信息的功利心太强，介绍成功有物质利益或成人之美的心理满足，这样就会向双方都送假信息。她们有假造好信息，掩盖坏信息的激励，结果往往使双方上当。所以，"父母之命，媒妁之言"的婚姻，美满者少。现代人讲究自由恋爱，实际就是双方交流信息的过程。信息交流充分，婚姻美满者多。一见钟情，来不及沟通信息就结婚者，悲剧、家庭暴力都不少。

在魏晋南北朝那个时代，自由恋爱还不行，发信号与筛选信号就更重要了。郗太傅相当于今日之总理，其女德才貌均负盛名，当然属于婚姻中的买方，王家虽也是大户，但郗女属于极为短缺资源，子弟都想把自己"卖"给郗家，属于卖方。于是，王家子弟发信号，郗家筛选信号。

发信号的一个重要原则是，用这个信号传递对方想要而且对成功至关重要的信息。王家子弟都知道，郗家选婿决不在金钱与门户，而在于个人气质。所以，发出的信号应该表现个人气质。但发信号的方式也很重要，王家诸子弟用"咸自矜持"发信号，这就不对了。"矜持"是装出来的，那就有点暴发户的浅薄了。所以，王家诸子弟的失败就在于发信号的方式不对。我想逸少也是想娶郗家女的，但他不会装出一副"矜持"的样子，只是没事人似的，"床上坦腹卧，如不闻"，这才是"真名士自风流"，不用去装。气质是内心修养的自然表露，装是装不像的。王家诸子弟装模作样，正说明他们的气质不如逸少。

郗太傅筛选信号的本领也非同寻常，不愧为久经政治风雨的老牌政治家。他一眼就看出，那些装出"矜持"的王家诸子弟，实际上没有贵族气质，只有不装模作样，神情自然者才是真名士。想象一下逸少大大咧咧、露出肚子躺在床上的样子，不正是真名士风度吗？郗太傅慧眼选佳婿，逸少亦不负众望。

市场上交易双方的信息是不对称的，总有一方信息多，另一方信息少。比如在二手汽车市场上，一辆二手车的信息包括两类。一种是人人都可以免费得到的，称为公开信息，如外观、型号、行驶里程，另一种是只有一方知道而另一方要花高价才能得到，甚至无法得到的，称为私人信息，如是否有内伤，等等。

在信息不对称的情况下，信息多的一方（二手车的卖者）有可能欺骗信息少的一方（买者），把坏车当好车卖出去，这称为道德风险。同时，买者也会把所有上市的二手车都作为最坏的车，结果好一点的二手车就不会上市，这称为逆向选择。这时信息不对称就使得二手车的交易无法进行。要让这种有利于双方的交易得以进行，卖方就要以适当的方式发出让买主相信的信号，买主则要在无数信号中筛选出真实的信息。信号的发送与筛选是一个重要问题。

现实世界中信息总是不对称的，每个人都需要发送信号或筛选信号。逸少和郗太傅的这两手值得我们学习。许多人在婚姻市场上发出的都是"有车，有房，温柔"之类毫无意义又不可信的信号，大学生找工作还要整容来发出美丽的信号。这些信号恐怕不仅无用，甚至还有副作用。也有的人面对纷杂的信号，因不会筛选而上当受骗。好好读读这个故事，我想都会有不少启迪。

克服人性的缺点

许多失败者，在失败之前都有人劝过，但仍一意孤行。正好读到明代文学家所作《应谐录》中的一则寓言，写出来与大家共勉。

有个盲人从一条干河的桥上走过，失足掉了下去。他双手抓住栏杆，怕掉进河里。有过桥者告诉他，松手吧，河里没水，离地也不高。盲人不听，直到筋疲力尽，松手掉到地下，安然无事。他说，早知如此，何必受这个苦。

盲人不肯听别人的话，无非是多累一会儿，但做企业要拒不听别人的话，就会伤筋动骨，甚至灰飞烟灭。这样的盲人过去、现在、将来都有很多。

一位朋友想生产饮料。我知道他并不是实力雄厚的大老板,劝他别做。因为饮料打开市场要靠广告,要花大钱做广告。饮料固然赚钱,但先要投入大把钱,先要"烧钱",烧不起也就难以成功。我还讲了旭日升、露露等饮料成功的经历。他认为自己的饮料有特色,不用做什么广告,坚持做下去。我无言以对,反正不是我的钱,操那么多心干什么。一年后,我又见到了他,他说到底没成功。

类似这样的例子还有很多。

这是为什么呢?行为经济学家运用心理分析来研究人的行为,发现过分自信是人性的一个弱点,而且男人比女人还严重。一个例子是,当人们在股市投机成功时,都认为自己对股市分析正确,时机把握得好,是个人聪明才智的体现。当人们在股市投机失败时,都抱怨运气不好,非才也,乃命也。另一个原因是,在信息不对称的世界上,发送假信息的信号太多,这就引起人们相互之间的不信任,往往会把一个人的欺骗作为所有人的欺骗,把偶尔的欺骗作为永久的欺骗。我的朋友大概属于前一种情况,盲人属于后一种情况。我的朋友赤手打出了一片天地,自信一点是正常的。盲人可能是受过骗,而且也许不止一次,所以,他不相信别人也情有可原,何况如果有水还真是性命攸关。

对一般人而言,由于人性的弱点或受过骗,不听别人的劝告是可以的。但对一个企业家来说,这就是危险的。每个成功的企业家都有过辉煌,但历史不代表永远。人不可能永远不犯错误。根据经济学家的研究,企业家的生命周期有五个阶段:创业上升、探索改革、形成风格、全面强化和僵化阻碍。在这个过程中,使企业家业绩上升、持平、下降的原因之一是信息量的获取。开始时可以听得进各种意见,信息源宽,但有成就之后,过分自信,外部信息源减少,甚至有信息也听不进去。一个普通人不听别人劝算不得大事,但一个领导几千甚至数万人的企业家听不进别人的劝告,就会酿成大错,受损失的不只是个人,还有员工和社会。因而企业家一定要了解并克服人性中过分自信的缺点。

当然,企业家也不能成为什么话都听的老好人。不同的人有不同的看法,谁的都听,如何做出决策?这就需要善于进行信息筛选,即从大量的信息中筛选出正确的信息。也许许多劝说都是善意的,但善意的不一定就是正确的。所以,我的朋友不听我的劝告我并不生气。我有权说,他有权选择。信息的筛选不容易,但并不是不可能。例如,盲人应该从声音来判断信息的正确与错误。如果劝他放下手的是一个苍老诚恳的声音,就应该相信。如果劝他放下手的是一个年轻而有点滑腔的声音,大概就可不听。当然,这只是经验之谈,但每个人从生活经历中都会积累一些判断信息正确与错误的经验,会有某种感觉。对一个成熟的企业家来说,应该有判断信息正误的能力,在多听的基础上加以思考,千万不要别人的话还没说完就断然拒绝。

我们希望企业家多听别人的意见，别学那个盲人，但我们也应该承认，企业家也是人，有点人性的弱点很正常。问题是如何用一种制度来防止企业家由于没听别人的话而犯错误。这就是要建立董事会决策制度，用制度来避免个人的错误。当企业小时，一个人决策是可以的。这种决策也有灵活、及时的优点，可以避免失去宝贵的商机。当企业做大时，企业家个人的作用也很重要，在许多情况下往往需要有一个敢于拍板的人。但总由一个人独裁，由于个人人性弱点与能力的局限也就很可能会犯下重大的决策错误。这时就需要一种民主决策制度。有董事会，就有董事，重大决策要由董事会做出，即使你贵为董事长，也不得不听别人的意见。不能像我的朋友对待我的意见那样一听了之，不以为然。这就是用制度来改造人性，消除人性中的弱点。我们倡导企业民主决策，不是要那种一致举手的假民主，也不能由于民主贻误时机，而是要多听各方面的意见，少犯错误。

人们往往同情盲人，觉得他们可怜。像这个寓言中正常人不会犯的错误，却让盲人吃尽了苦头。其实从听不进别人意见的意义上说，我们都是盲人。谁的话也不听，自行其是，对企业家来说，不就是盲人骑瞎马吗？谁都知道盲人会吃亏，但却想不到自己什么人的意见都不听，吃的亏比盲人更大——盲人行事要谨慎得多，记住这个寓言，你就不会吊在桥上吃苦了。

欲望不是贪婪

古今中外有许多寓言都是讽刺人贪得无厌的,随手拣一个大家不太熟悉的。

明代刘元卿算不上名人,只是万历年间的一个礼部主事,他所著的《贤弈编》亦不是什么名著,但有一个"王婆酿酒"的寓言还颇有趣。王婆以酿酒为生,有个道士常到她家借宿,共喝了几百壶酒也没给钱。王婆亦没计较。一天,道士说:"我喝你那么多酒,也没钱给你,就给你挖一口井吧。"井挖出后,涌出的全是好酒。王婆自然发财了。以后道士又来问王婆酒好不好,王婆说:"酒倒是好,就是没有用来喂猪的酒糟。"道士听说,笑着在墙上题一首打油诗："天高不算高，人心第一高。井水做酒卖，还道无酒糟。"写完走了，以后这个井也不出酒了。

这个故事与普希金的《金鱼与渔夫》的故事有相似之处，不过我相信，普希金没有侵犯版权。不同时代不同国度的人写出了相同的寓言故事，说明这种现象的普遍性。

经济学家承认利己是人的本性，即人从事经济活动的目的是实现个人利益最大化。这种利己来自人的欲望。人有七情六欲，满足这种欲望需要物质财富或精神财富。有了钱，才能购买满足各种欲望的物品与劳务。所以，人追求个人利益最大化，想多赚钱无可厚非。人类欲望的特点是无限性，一个欲望满足了，又会产生新的欲望，永无止境。正是这种欲望的无限性推动了人类社会进步。从这种意义上说，欲望是社会进步的推动力。如果人没有了欲望，没有了满足欲望的追求，社会就无法进步了。

传统的伦理观把欲望作为万恶之源，主张"存天理，灭人欲"，这是对人性的扼杀。经济学家对欲望和利己的肯定无疑是历史的进步。但特别要强调的是，欲望、利己并不等同于贪婪。亚当·斯密在《国富论》中肯定了由欲望产生的利己的合理性，但他严格区分了利己与贪婪。他的另一部名著是《道德情操论》，"道德情操"一词是指人判断克制私利的能力。《道德情操论》一书正是要说明利己的人如何在社会中控制自己的私欲和行为，使得由利己的人构成的社会也是一个有道德的社会。斯密明确地反对贪婪。他的这两部著作构成既承认利己，又要以道德克制贪婪的理想市场经济社会。

欲望与贪婪有什么不同呢？欲望是人正当的要求，它与人满足欲望的能力应该是匹配的。换句话说，欲望是以自己的能力可以满足的，或通过正当途径的努力可以实现的。贪婪则是要去满足无法实现的欲望。在上面的寓言中，井里既出酒又出酒糟就是无法实现的，所以，王婆希望有酒还有酒糟就不是正当欲望，而成了一种贪婪。在现实中，一个有能力的人想买一辆车是正当的欲望，还可以促进汽车业发展和经济繁荣。但一个身无分文的人想马上要一辆汽车就属于贪婪。不切实际地想做自己根本做不到的事，就会使欲望变为贪婪。

乍一看，欲望和贪婪都是无限的，但实际上这两者之间有着本质区别。美国心理学家把人由欲望产生的需求分为五个层次。正常来说，一个层次的欲望满足了，再产生新的欲望，而最高层次的自我实现则是无止境的。这就是说，人的正常欲望应该随能力的提高而产生。比如，在你的收入满足了基本生活要求之后，就可以产生新的欲望，比如买一辆车。这就是正常的欲望更新。如果连饭也吃不饱就整天想买车，大概只能算贪婪了。

强调把利己、欲望和贪婪分开的一个重要原因是，欲望推动人努力工作，而贪婪则会使人犯罪。再接着上个例子说，当你满足了基本生活需求之后想买车，你就会为实现这一目标而努力工作，或者在本单位做出业绩，或者去兼职，这都有利于整个社会。但如果是贪婪，每天只想迅速发财致富，就很可能走上犯罪之路。许多人正是被贪婪推上不归路的——从抢劫犯到贪官都是如此。欲望与贪婪往往只有一步之遥，但真理跨过一步就是谬误。

人的欲望是很容易变为贪婪的。斯密多次强调这两者之间的区别正是看到这种可能性。一个社会对财富的欲望一旦变为贪婪就变为对大自然的掠夺，一个人对财富的欲望一旦变为贪婪就不会勤奋工作，而是想歪门邪道了。

防止欲望（勤奋工作的动力）变为贪婪（犯罪的根源）的办法就个人而言是提高自己的道德自律。这也是先贤们经常劝告我们的。但仅仅靠这种劝说是无用的。作为一个社会还需要有制度上的防范，这就是法律的威慑力。对那些贪婪犯罪者的严惩正是要给其他人以警示。正如道士对王婆的惩罚是她连酒也得不到一样。道士不仅是在惩罚王婆的贪心，而且还是在警告后人别学王婆的样子。

现实中的王婆实在太多了，在市场经济的今天读读这则寓言，太有意义了。

爱钱不是错

自从金钱成为财富,人类社会就演出了一幕幕悲喜剧。凡夫俗子在追逐金钱的同时,既推动了社会进步,也招致了无数罪恶。追求精神满足的圣贤们把金钱作为万恶之源,由他们所编撰的寓言都以排斥金钱为宗旨。公元1世纪成书的古印度寓言集《五卷书》中的《痛苦的金钱》正代表了这种思想。

这则寓言讲,在一个清静的地方有座庙,庙里住着一个游方化缘的和尚,生活清贫而幸福。以后这个庙里香火旺盛,常有人上供好东西。和尚把这些供品卖掉积攒了许多钱。自从有钱之后,和尚不信任任何人,无论白天黑夜都把钱藏在自己的胳肢窝里，总担心别人偷走。这使他整天感到心神不安，痛苦不堪。作者的结论是："钱并非好东西。弄钱的时候，有痛苦；想保住已经到手的钱，也有痛苦。钱丢掉了，有痛苦；把它花掉了，也有痛苦。"一句话，金钱成了痛苦的根源。

《五卷书》作为佛教的寓言反映的是"重精神，轻物质；重来世，轻现世"的宗旨。尽管在物欲横流的今天，这种思想有清醒剂的作用，但也相当片面。

经济学是研究人类行为的。人类行为的最本质特点是有明确的目的。人类一切行为的最终目的都是为了获取最大的幸福。对个人来说，幸福最大化的基础就是金钱——无论人的幸福观是什么，物质享受，精神享受，自由选择，还是实现某种理想，没有金钱一切都谈不上。这就是"没钱绝对不幸福"的含义。每个人的幸福加总在一起称为社会福利，所以，社会的最终目标也就是整个社会（每个人）的福利最大化。一个贫穷的社会是谈不上福利的。想想那些贫穷落后、内战纷飞的国家，有多少人痛苦无奈，哪能谈得上什么社会福利呢？金钱的确是重要的。没有金钱是清高不起来的，活命尚且艰难，哪能谈到精神文明、自由或理想呢？佛教讲"四大皆空"，其实只要财空了，传教者们无以生存，哪还能坐而论道？许多人视金钱为粪土，或者是钱太多了，正如鲁迅先生所说的，你去摸摸他的肚子，一定有许多还未消化的鸡鸭鱼肉；或者是作伪，一边讲金钱之恶，一边想办法敛财——像这个寓言中的和尚，现实中太多了。因此，现代经济学理直气壮地讲赚钱，讲富国裕民，并把它作为一门学问来研究。

但一个人有钱却并不一定就幸福——像这个寓言中有钱而痛苦的和尚一样的人也不少。豪门恩怨正是有钱带来的痛苦。一个社会财富多——GDP 总量大而增长快——也不一定福利高。如果 GDP 增加，环境破坏严重，贫富对立加剧，一个肮脏而动荡的社会也无福利可言。看来全面的看法应该是金钱是福也是祸，是善也是恶。不过只这样说就有点诡辩似的辩证了，看似面面俱到，实则是最无用的废话。经济学不讲这种废话。经济学分析问题总是离不开具体条件，因此，经济学家既不讲金钱万能，也不讲金钱万恶。他们把金钱作为中性的，研究在什么条件下，金钱是福是善，在什么条件下，金钱又是祸是恶。

金钱到底是什么，取决于如何获得金钱以及如何使用金钱。

对个人来说，如果以合法的方式勤劳致富，又善于把钱用到能给自己带来幸福的地方，不像那个和尚一样仅仅是赚钱存钱，金钱就能给人带来幸福。勤劳致富的过程本身就是一种幸福，对许多人来说，重要的不是得到钱的结果，而是奋斗赚钱的过程。这时金钱代表成功。那些靠贪污、抢劫一夜暴富的人不仅没有这种幸福，还会心里恐惧——贪官看反贪的小说或电影大概会心惊胆战的。缺乏了安全感，整天像那个和尚似的惶惶不可终日，是谈不上幸福的。同样，把钱用于吃喝嫖赌，花天酒地，也难有什么幸福。一个把金钱用于满足自己正当物质与精神需求的人，当然是幸福的。但人的幸福并不完全来自个人享受，还来自最高层次的需求——自我实现。英国古典经济学家亚当·斯密认为，人的本性中有同情心，有对同胞的爱和关心。把钱用于帮助他人，捐助慈善事业，满足了自己的这种人性，同样是幸福的源泉。这时自己金钱的边际效用也不会递减了。

对社会来说，如何创造与使用GDP决定了GDP能否增加社会福利。增加GDP的正确途径是增加劳动与资本的投入，并通过技术进步提高生产率。如果以破坏生态平衡和加剧贫富两极分化为代价增加GDP，GDP增加反而会使社会福利减少。同样，GDP也要用于增加整个社会的福利，即不能用GDP去搞对外侵略或霸权主义，不能用GDP去满足少数人的欲望，更不能用GDP去搞什么花架子的形象工程或政绩工程。树立了这种GDP观，增加GDP当然是福是善。

《痛苦的金钱》是劝人不爱金钱的。但是如果树立了正确的金钱观，爱钱又有什么不好？佛教的宗旨是普度众生的，即把众生送到彼岸的天堂。金钱实际上就是那只普度众生的船。和尚的痛苦不在于他有钱，而在于他不会用钱。如果把钱用于接济穷人，岂不阿弥陀佛了吗？

交易为什么是双赢的

寓言《价值》是这样解释交换的：

一个男人在自家地里挖出一尊绝美的大理石雕像。一位艺术品收藏家高价买下了这尊雕像。卖主摸着大把的钱感叹："这钱会带来多少荣华富贵，居然有人用这么多钱换一块在地下埋了几千年也无人要的石头？"收藏家端详着雕像想："多么巧夺天工的艺术品，居然有人拿它换几个臭钱。"他们俩都感到满足，交易对他们是双赢的。

这个文学家讲的寓言有深刻的经济学含义。现代经济学家发现，其实价值并不是物品包含的劳动量，而是人们对它的主观评价。一种物品的价值多少，不在于它花费了多少劳动，而在于别人对这种物品的评价。价值是主观的，而不是客观的。卖主认为钱的价值大于雕像，收藏家认为雕像的价值大于钱，这是他们各自对钱与雕像的评价，与这些东西所包含的劳动量没有关系。

按照传统的说法，交换是等价交换，即等量劳动的交换。按这种解释，交换就是包含等量劳动的不同物品交换，互通有无。但是这种理论又无法解释许多现实中的现象。一个美声歌手，不仅嗓子要好，还要经过严格的专业训练，但门票也就是180元。一个通俗歌手，只要有个好嗓子，不识简谱都没关系，门票可以卖到500元，甚至更多。难道通俗歌手唱一支歌的劳动是美声歌手的三倍吗？青年人愿意用半个月的工资买500元的票去听通俗歌手唱歌，一个与此青年人赚同样工资的中年人则认为这绝对不值。他们做同样的工作，付出的劳动一样，怎么在交换听歌权时却不一样了？看来这种对交换双赢的解释并不正确。我看这些号称经济学家的解释还不如20世纪黎巴嫩的文学家纪伯伦。

每个人的偏好不同，对同一种物品的评价也不同。卖主觉得雕像不值钱，收藏家觉得雕像极值钱，这样，他们的交易也可以进行，而且各自觉得都有所得。按主观价值而言，交换是不等价的，各自得到的价值都大于自己付出的，所以交易是双赢的。交易双赢的基础在于价值并不是客观的，而完全是主观的。这正是卖主与收藏家交换之后,都各自喜滋滋地回家偷着乐的原因。

如果不是这一对一的交换,有若干个农民都找到了雕像,又有若干个收藏家来购买,情况会怎么样呢?能是等价交换吗?

我们先看一个卖者、多个收藏家的情况。卖者有自己愿意接受的最低价格,比如,他认为自己找到这尊雕像花费的劳动值100元,低于这个价值,他宁愿盖猪窝时当柱子也不卖。收藏家也有自己愿意出的最高价,高于这个价他不买,这个价就是他们对雕像的最高评价。如果有三个收藏家,各自出80元、100元和120元,当然最后是出价最高的购得。

再看几个卖者,一个收藏家。几个卖者对自己劳动的评价也不同。比如,三个卖者分别愿意接受的最低价格为80元、100元、120元。只要收藏家的评价高于80元,比如90元,就可以与要价最低者达成交易。

在这两种情况下交易都是双赢的。在第一种情况下,卖者最低愿接受100元,得到了120元,赚了20元。收藏家愿出120元,也不吃亏。在第二种情况下,收藏家愿出100元,以90元买到,赚了10元,卖者接受的价格为80元,也赚了10元。只要交易是自愿的,双方都有利。

如果有若干卖者与买者,他们相互竞争决定市场价格,比如100元。按此交易谁也不吃亏,各自得到自己想要的东西。

经济学家用这种主观价值解释交易的双赢,对我们颇有启发。从卖者来看，买者对他卖的东西评价越高，愿意出的价格也就越高。所以，他就要生产买者喜欢的东西，因为买者对自己喜欢的东西评价高。同时，他也要想办法让买者对自己的东西评价高，比如，使自己的东西成为名牌，或使自己的东西与同类东西相比有特色。卖者要根据买主的偏好来生产。也就是消费者是上帝的含义——卖者按买者的意愿来生产。这样进行生产，东西有市场，可以卖高价。买者得到满足，卖者也赚了钱。

从买者来看，要买价格最低的东西。当一种东西对买者来说评价相同时，卖者的要价越低越好。这就迫使卖者降低成本以吸引消费者，从而生产的效率也就提高了。

市场竞争的结果最终形成一种使供求相等的价格。这时卖者与买者都得到了满足，社会资源配置也就最优化了。这就是市场机制的神奇作用。现实生活中每天都要发生无数次这种交易。

读这篇寓言我总觉得，经济学家争论不休的问题，纪伯伦用一个简单的故事就解决了。有时，外行看问题更简单明了，不像身在此山中的人，非要把价值作为客观的，弄来弄去连自己也糊涂了。

当利己心成为财富动力

中国自古以来就有性善和性恶的争论,但无论哪一派都认为存在抽象的普遍的人性。"性相近,习相远"正说明了这个道理。那么,人性变不变呢?13世纪亚美尼亚作家奥洛比安的寓言《伶鼬和老鼠》说明了人性的不变性。

有一只伶鼬狂热地爱上了一个小伙子,它向爱神祈祷,把它变成一个美丽的少女。爱神满足了它的心愿,它幸福地与自己心仪的小伙子结婚了。在热闹非凡的婚礼上,突然一只老鼠从门口跑过去,这位新娘忘却了一切,狂奔过去追老鼠。作者的寓意是:本性难移,动物和人概莫如此。中国的"白蛇传"与这个寓言异曲同工。你看,白蛇都变为人了,但蛇的本性仍不变,饮了雄黄酒就要露出本性。中国有句俗话说,"江山易改,本性难移",这里的本性主要不是指个人的性格,而是人类共同的本性。现在我们都承认,人的本性是利己,即所从事一切活动的目的是个人利益最大化。现代生物学证明了这是人和动物的本性。

经济学是建立在对这种人性承认的基础之上的,因此,经济学的基本前提是理性人假设。理性人就是一切行为的目标为个人利益最大化的人。经济学正是在这一假设之下研究资源既定时的最大化问题。对社会是GDP和社会福利最大化,对个人是收入和效用最大化,对企业是利润最大化和企业资产价值最大化。正是在对这种最大化的研究中得出了许多有意义的结论。离开了这个假设,经济学的全部内容都要被推翻。

一些经济学界内外的学者对这个假设提出过不少批评。一些人举出了许多事实说明人并不自私,比如舍己救人,愿意为保卫祖国而牺牲,或者富人在死后把财产捐给社会,等等。这些现象的存在是不是与理性人假设矛盾呢?我们不否认利他主义行为的存在。而且也不否认,人性中除了利己之外,还有关爱同胞、关心社会等善良的一面存在。同时,我们也不否认提倡奉献精神的意义。但是承认人利己的本性与这一切并不矛盾。理性人的假设不仅正确,而且必要。说理性人的假设正确,并不是说它适用于每一个人（例如这个假设就不适用于雷锋这样的英雄）和每一个人的一切行为（一个为个人利益做事的人在祖国危难之际也会牺牲自己保家卫国），这是指它适用于绝大多数人的绝大多数行为。这就是说，在正常情况下，大多数人从事活动的出发点都是个人利益。说理性人的假设必要是因为，经济学作为一个统一的理论体系，必须有一个确定的假设前提。如果既假设人是利己的，又假设人是利他的，经济学能得出什么结论呢？

对经济学理性人假设的误解还来自另一种形而上学的观点：把利己与利他、个人利益与社会利益对立起来。经济学的最伟大发现正是把利己与利他、个人利益与社会利益统一了起来。英国经济学家亚当·斯密对经济学的开创性贡献正在于此。理性人的假设是斯密提出来的，他并不是赞扬这种利己性，只是承认它是无法更改的人性——正如伶鼬变为美女仍忘不了抓老鼠一样。他认为，每个人对个人利益的追求可以实现社会利益。他说："各个人都不断地努力为他自己所能支配的资本找到最有利的用途。固然，他所考虑的不是社会利益，而是他自身的利益，但他对自身利益的研究自然会或者毋宁说必然会引导他选定最有利于社会的用途。"把这种对个人利益追求引导向社会利益的是"看不见的手"，即价格机制。每个人为了自己的个人利益要最有效地利用自己的资源，这时整个社会就实现了资源有效利用。承认人的利己，又把利己引导向利他，正是市场经济的伟大之处。

传统社会是主张"存天理灭人欲"的，把人性看作万恶之源，要求人们"克己复礼"。结果怎么样呢？整个社会处于上千年的停滞状态，人民生活极其贫穷。利己的人性消灭了吗？老百姓的人性被强制消灭了，但倡导灭人性者的人性都发展为兽性。满嘴仁义道德，满肚子男盗女娼，他们提倡的是自己根本不打算去实践的伪道德。一部《十日谈》正揭露了这些伪道学、假正人君子的丑恶嘴脸。

市场经济承认人性的合理性，承认人利己的行为是正当的。任何一次启蒙运动都是从对人性的承认开始的。市场经济制度把人的利己心和利己行为变成了增加社会财富、推动历史进步的动力。市场经济创造了巨大的社会财富，也创造了辉煌的精神文明。正是在这种基础上，人性升华了，越来越多的人更关心他人和社会。亿万富翁不再做守财奴，而成为社会公益事业的赞助者。我们不否认市场经济下还有罪恶，但与传统社会比一比，哪一个更好？

与生俱来的人性是不能改变的——无论是用暴力还是道德说教，我们只能利用与引导人性。伶鼬改不了抓老鼠的本性也没什么，反正它的体形已是美女了。这个与它结婚的小伙子利用它的本性来消灭家里的老鼠，甚至可以让它为邻居抓老鼠赚钱，岂不既符合了它的本性，又增加了自己的收入，为社会也做了一件好事吗？

意外之财的坏处

　　列夫·托尔斯泰是俄国伟大的文学家，也是关心贫民的贵族。他不仅写了《战争与和平》这样不朽的名著，还关心贫民教育，编写了《启蒙课本》和《新启蒙课本》。这两本书有他编写和改写的89篇寓言。也许是他从自己的人生经历中感悟到遗产对子女的不良影响，也许是他为自己死后的遗产分配担忧，就写了一首名为"均等的遗产"的寓言。

　　一个商人有两个儿子，他想把财产全留给大儿子。他夫人可怜小儿子，想把财产平分。这位母亲为财产之事哭泣，一位路人知道原因后告诉她："你只管向两个儿子宣布，大儿子得到全部财产,小儿子什么也得不到,以后他们将会各得其所的。"小儿子知道什么也得不到就离家到外地,学会了手艺,增加了知识。大儿子认为有遗产可以依靠什么也不学。以后大儿子把遗产花光,一无所有,贫困而死。小儿子学会了本事,变得富裕起来。

得到遗产反而害了自己,这似乎是一个普遍现象。

美国经济学家研究了遗产的影响。他们发现,一个遗产超过15万美元的人不再工作的可能性是遗产小于2.5万美元的人的4倍。怪不得19世纪美国钢铁大王卡内基警告说:"给儿子留下巨额财产的父母会使儿子的才能和热情大大丧失,而且使他的生活不如没有遗产时那样有价值。"所以,卡内基没有给儿子留什么遗产,而是把自己的巨大财产建立了卡内基基金,用于资助慈善、教育、医学研究等有利于社会的事业。卡内基至今仍受人尊重,不是因为他是钢铁大王或亿万富翁,而是因为他对社会公益事业的贡献。

与遗产一样,任何意外之财都会使人变懒。美国经济学家还研究了彩票中奖的影响。他们发现,中奖奖金在5万美元以上者,有25%左右的人在一年内辞职,另有9%的人减少了工作时间。那些中奖奖金在100万美元以上的人几乎有40%的人不再工作。看来意外之财的确会使人变懒,正如托尔斯泰寓言中的那个大儿子一样。

为什么遗产或意外之财会有这种效应呢？经济学家用劳动供给理论解释了这一点：每个人的时间是有限的——一天24小时，人要把时间这种资源配置于两种用途：工作和闲暇。工作是指有报酬的活动，比如上班或从事商业活动。闲暇是指一切无报酬的活动，比如休息、娱乐，以及家务劳动。人把多少时间用于工作，多少时间用于闲暇，取决于劳动（有报酬活动）的价格，即实际工资水平。实际工资的变动会引起两种效应：替代效应和收入效应。替代效应是指工资增加，人们用工作替代闲暇。这是因为在工资增加时，闲暇的代价高了。比如，每小时工资为5元时，闲暇一小时减少5元收入；每小时工资为10元时，闲暇一小时就减少10元收入。这时人们就会减少闲暇，增加工作。所以，替代效应能引起劳动供给随工资上升而增加。工资的增加还有另一种收入效应，即工资增加，人们的收入增加，就要减少工作，增加闲暇。这是因为，闲暇是一种正常物品，其需求随收入的增加而增加。通俗点儿说就是，人们收入多了，就想有更多的时间用于休息或娱乐。随着收入的增加，人们想有更多闲暇。而增加闲暇必然会减少工作，所以，收入效应的结果就是工资增加，劳动供给减少。替代效应与收入效应对劳动供给的作用是相反的。而工资增加则会同时引起这两种效应，其最后结果是什么呢？如果替代效应大于收入效应，工资增加使劳动供给增加，如果收入效应大于替代效应，工资增加使劳动供给减少。一般而言，当收入水平不是相当高时，工资增加的替代效应大于收入效应，所以，工资增加，劳动供给增加。但当收入水平达到一定程度时，工资增加的收入效应就会大于替代效应，工资增加，劳动供给减少。得到一笔遗产或彩票奖金这类意外之财，相当于收入极大增加。这时收入效应远远大于替代效应，人们就会减少工作，甚至不工作，而去享受闲暇了。工作对人的重要性不仅仅在于现在赚钱，还在于培养人未来的赚钱能力。人的赚钱能力是人力资本，即人的知识与技能。人力资本来自先天的遗传和后天的教育，但最重要的还是从工作中积累经验。一个有遗产而不工作的人，无法得到人力资本，甚至原来获得的人力资本也在退化、消失。得到意外财产的人，钱来得容易，花得也快。整天花天酒地，再多的遗产也会花完。当钱花完时，又没有了人力资本，岂有不贫穷之理？寓言中的大儿子正是这样的人。小儿子没有遗产，替代效应远远大于收入效应，努力工作，积累了人力资本，自然会富起来。遗产的这种不良影响可以称之为遗产效应。

其实许多人都知道这个道理。英国的长子继承制原本是为了使土地不被分得过小，但却逼得其他儿子去闯天下，学得一身本领。父母都希望子女成才，有钱的父母更应该好好读读托尔斯泰这个寓言，也学学卡内基，这样，你的子女才会成为像你一样的精英。

懂得选择才幸福

《拉·封丹寓言》中有一头著名的布利丹毛驴，它面对两捆干草不知该吃哪一捆好，最后竟然饿死了。

布利丹毛驴面临的是经济学家所说的选择问题。经济学家所说的选择是，人的欲望是无限的，但用于满足欲望的资源是有限的，所以，要决定用什么资源去满足哪些欲望。这就是资源配置问题。经济学的目标正是要实现资源配置最优化。其实每个人也和布利丹毛驴一样，面临在两捆干草之间做出选择的问题。

布利丹毛驴做不出选择而饿死说明做出选择并不是一件容易

的事。其根源在于在资源有限的情况下有所得必有所失。为了得而失去的东西被称为机会成本。就布利丹毛驴而言，它选择一捆干草必须放弃另一捆干草。放弃的干草就是得到的干草的机会成本。经济学家常说世界上没有免费的午餐，就是指任何选择行为都有机会成本。

经济学家在谈资源的稀缺性时，往往指客观存在的物质资源，如劳动、资本、自然资源，等等。因此，选择就是要实现有限资源下的最大化。在按照这种思路做出选择时，人们往往把收入最大化、利润最大化，或其他物质利益的最大化作为目标，忘记了个人的能力——包括创造财富的能力和享受财富的能力——也是有限的。布利丹毛驴犯的正是这个错误。这头驴子的消费能力（能吃的干草）是有限的，在两捆干草中吃一捆就足够了。但它觉得哪一捆都好，都舍不得放弃，最后哪一捆都没吃，饿死了。

驴子毕竟是驴子。在寓言中，驴子都是愚蠢的，所以才有蠢驴之说。但人们在嘲笑驴子时却往往忘记了，他们有时也会像驴子那么蠢。一个既爱白马王子又爱大款，不知和哪一个结婚好的美女，不就是一头漂亮的布利丹毛驴吗？一个女人不能同时与两个男人明媒正娶地结婚（这是法律给出的限制），与白马王子结婚的机会成本是放弃财富，与大款结婚的机会成本是放弃美色。两者都不愿放弃，就成了布利丹毛驴。

像美女这样的布利丹毛驴选择困境也许并不具普遍性，因为美女毕竟是稀缺资源，白马王子和大款都想得到。但每个人都面临类似的困境。每个人都面临从事什么职业的选择。从政当官，有地位有权力，但不能发财；从商当企业家，有钱，但无权无地位；从文当学者，有地位，但无钱。这是摆在每个人面前的三捆干草，每捆都诱人。但人的能力有限，只能从事一种职业。只选一种者可以成为成功的政治家、企业家或学者，类似布利丹毛驴者往往一事无成。但世界上的布利丹毛驴还真不少。一些当官者还想发财，利用职权戴一顶教授博导，甚至院士的帽子，结果成了贪官或沽名钓誉者，被世人所不齿。一些从商者一心想当官，花钱买官，犯了行贿罪。至于那些一心要钻入官场或发财的文人，结局也是不伦不类，没学问只好去剽窃。这些人不都成了饿死的布利丹毛驴吗？

每个人面临的另一个重要选择是事业与家庭生活幸福。这种选择不同于布利丹毛驴在两捆干草之中选一捆的选择，而是要在两捆干草中求得一种平衡。这就是说，布利丹毛驴觉得两捆干草都好，可以每捆干草都吃一半，不至于饿死，或两捆都吃掉撑死。人的时间和精力都是有限的（资源稀缺），对事业与家庭幸福的期望是无限的（欲望无限）。正确的原则不是为了一个放弃另一个，而是在两者之间选择一种平衡。那种为了事业（赚钱或当官）而放弃家庭幸福，或者满足于过一种小日子而没有追求的人，都是布利丹毛驴。因为在这两者之中完全放弃了另一个，实际上仍是一事无成。你见过家庭后院起火而事业成功的人，或者一事无成仍有家庭幸福的人吗？《笑傲江湖》中的岳不群选择了当五岳盟主而放弃其他一切，最后不就是布利丹毛驴饿死的下场吗？

经济学所说的最大化并不是物质的最大化。对一个社会而言，最大化并不是GDP最大化，对一个人而言，最大化也不是财富最大化。社会的最大化是社会福利最大化，GDP之所以重要在于它是社会福利提高的基础，不能把GDP最大化作为唯一目标是因为GDP并不等于幸福。个人的最大化是幸福的最大化，财富之所以重要在于它是幸福的物质基础，不能把财富作为唯一目标是因为财富并不等于幸福。社会应该协调发展，人也要追求全面的幸福。这才是选择的真正目标，也才是经济学的真谛。

许多人都把经济学作为一门赚钱的学问，认为它能使一个国家GDP增长或使一个人发财。这是一种误解。布利丹毛驴式的错误正由此而来。在学习经济学时，要记住英国文豪萧伯纳的一句话：经济学是一门使人生幸福的艺术。

理财不是守财

古今中外有许多寓言都是讽刺守财奴的,法国作家拉·封丹就写过以守财奴为嘲讽对象的《攒钱人与猴子》。

有一人爱财如命,满脑子都是金币和银元。他为了保证财产安全可靠,移居海岛,让海神充当防盗保镖。他每天做堆钱游戏,清点、计算、把玩。他总觉得账目有缺口,因为他养的大马猴喜欢向窗外扔钱。猴子喜欢恶作剧,把这些钱当水漂扔到海里。作者嘲讽说:"上帝有意保护大富翁,把财宝保存在大海中,谁让他们有钱不会用。"

钱,无论是金属的还是纸的,不能使用就毫无意义。流落到孤岛上的鲁滨逊面对一大堆换不到任何东西的钱,就有这种感慨。把钱装在罐子里,埋在地下,这叫窖藏,不会给主人带来任何幸福,即使到世界末日,也不会多一个子儿(如果发生通货膨胀还会少几个子儿)。寓言中的守财奴就是这样。这样用钱,放在库房中窖藏与放在海底窖藏是一样的。这就是这则寓言中的一个名句"有钱不用,等于没钱"。

那么该怎么用钱呢?用钱生钱、用钱享受都是用钱之良方。

用钱生钱用今天的时髦话来说就是个人理财。个人理财就是把自己的钱变为能带来收益的资产。资产有多种形式,它首先可分为无形资产和有形资产。人力资本是无形资产。一个人把钱用于接受教育,参加培训、保养并锻炼身体、参与各种活动都属于人力资本投资,其结果是身体健康,知识和技能增加,这就形成以人力资本为形式的无形资产。这种资产会使收入高于没有这种资产的人,这就是无形资产的收益。在现实中,人们往往并不把人力资本作为无形资产来看。其实有钱去上一个电脑培训班、英语班,或者买几本书看看,都是个人理财的方法。

当然,现在讲个人理财时还是更多地指有形资产。有形资产包括实物资产与金融资产。用钱买房子、艺术品等都是投资于实物资产。这些资产会带来收益,例如,房子的租金收入与增值,以及艺术品的增值。在遇到严重通货膨胀时(例如,德国20世纪

20年代和战后的超速通货膨胀,以及中国在国民党崩溃前的超速通货膨胀),实物资产的保值作用最大。

金融资产包括银行存款、共同基金、债券(企业与政府债券)和股票。这种资产最突出的特点是收益与风险并存,两者同方向变动。一种金融资产,风险越大,收益也越大。例如,垃圾债券或股票,变为废纸的可能性最大,获得暴利的可能性也最大。风险越小,收益也越少,例如,银行存款几乎没有什么风险,利率也相当低。个人通常是风险厌恶者,为了保证一定收益时尽量避免风险,可以把不同风险与收益的金融资产进行组合。这就是一般所说的"不要把所有鸡蛋放在一个篮子里"。在当今社会中,各种共同基金都为个人提供了这种资产组合。所以,购买共同基金也就成为许多人个人理财的首选方式。

个人理财,用钱赚钱既可以增加个人收入,又有利于整个社会。当一个人把钱窖藏起来时,钱对个人和社会都没用了,和沉入大海消失了一样。当把钱用于购买各种资产时,个人和社会都获益。用于人力资本投资,社会也从每个人的人力资本运用中获益。购买不动产,增加了需求,刺激整个社会繁荣。购买金融资产,这些钱用于企业投资,整个社会的生产能力提高。在市场经济中,个人理财用钱生钱,与整个社会财富的增加是同步的。这比在孤岛上"做堆钱游戏,清点、计算、把玩"要有意义得多。

用钱生钱的过程,一旦成功了,人就会有成就感。这当然是钱带来的幸福，但这只是赚钱过程的副产品。会用钱的另一个方面是会用钱享受，给自己带来享受。当然，享受是一种主观感觉，把钱埋在地下的人，觉得自己有钱就是享受，在孤岛上数钱也是守财奴的一种享受。但对绝大多数人来说，并不会认为这是享受。用钱享受就是用钱去满足个人的各种欲望。用钱购买各种物品与劳务，满足自己的生理与心理需求，当然是一种享受。像过去的土财主一样，有了钱仍然过清贫的日子，舍不得吃，舍不得穿，就是不会享受的守财奴。用钱享受就是消费，这种消费在给个人带来幸福的同时也刺激了消费，拉动了相关部门的发展。买一辆车对个人是享受，对社会是拉动了汽车与相关部门的发展，增加了GDP。利己利人，何乐而不为？

为自己用钱是一种享受，为别人用钱也是一种享受。当你看到自己捐助的希望小学建成，有许多孩子可以上学时，你不觉得其乐无穷吗？人性中有利己的一面，也有利他的一面。有同情心，受到社会的尊重，实现个人理想也是人的欲望。为别人花钱，实现这些更高层次的欲望也是有效地用钱，用钱并不是花天酒地，无论是用于个人的正当物质与精神享受，还是去实现自己的利他主义理想，都是享受，都是幸福的源泉。当用钱带来这些幸福时，人就不是守财奴了。

在贪婪者手里，钱有可能变为罪恶；在守财奴手里，钱没有任何意义，只有在会用钱的人手里，钱才是财富。

将吃进去的书本消化

晚清写过《二十年目睹之怪现状》的小说家吴趼人,经常与读书人打交道。他对这些人了解甚多,写了一首题为"蠹鱼"的寓言。

蠹鱼是一种蛀书虫,它吃书满腹,自认为是天下饱学之士。它鼻孔朝天,不可一世。有一天,它外出旅游,遇见蜣螂,蜣螂欺负它;遇见虎蝇,虎蝇也侮辱它。蠹鱼愤愤不平,向人说:"我满腹诗书,自命为天下通儒,为什么欺侮我的这么多?"人笑着说:"你虽自以为满腹诗书,无奈都是吃进去了没有消化,多又有什么用呢?"

有些大学生自以为读了十几年书，满腹经纶，找工作总要部门主管或月薪几千元以上。结果一般的工作不愿做，好的工作岗位又不要他，于是就待业起来了。解决这些人的问题，首先要改变他们的观念。读了那么多书，是不是就有可以化为力量的知识呢？

大学生吃进去的书可以分为三种情况。一种是由于现行体制的制约，吃了一些无用的书。这些书即使你吃了，消化了，也没用。既无助于提高整体素质，又不是实用技能。人家逼着吃，没办法，只好吃下去。世界上的书并不是都有用，即使都有用，你也不可能全吃下，这里就有一个选择问题。大学生吃下无用书，有学校教学计划不科学的问题，也有大学生自己瞎吃的因素。有些课内容过时，都21世纪了，还讲20世纪80年代前的教材，让学生吃过期书，是学校的责任。另一种是书是有用的，但学生并没有消化。这里有教的问题，也有学的问题。许多高校不是以提高学生整体素质为目标，而是教一些具体技能。在教与学中，不是以启发学生的创造性思维为目的，而是以考试为指挥棒。老师以考学生为能事，学生以能应付考试为成功。在教学中就是老师满堂灌，学生背笔记。这种为应付考试而死记硬背的方法就像蠹鱼一样吃书，吃下去了，没有消化。这种方法仍然是中学应试教育的延续。这样学习对学过的内容并不理解，更谈不上举一反三。吃了书而没有消化，书当然就不是知识。第三种情况是，书是有用的，也消化了，变成了知识，但不会用。仅仅是知识并不成为力量，只有把知识运用于实际，解决问题，知识才是力量。一个人到底学得怎么样，不在于读了多少书，有多少知识，而在于是否会应用，把知识变为个人或社会的财富。一个大学生能否成为人才，得到重要职务或高薪，不在于他在学校得了多少个优，而在于他以后能否运用这些知识。

当然，知识的运用不是在上大学时解决的，主要是毕业之后的事。大学生在学校的主要任务还是学习书本知识，先不要管有用还是无用。任何知识都是一个人整体素质的一部分，可以提高人分析问题与解决问题的能力。比如学理工科的也要学点人文学科的课。背一些古诗词，看上去对搞机械不一定有什么用，但人的人文素质决定了他以后一生的发展。学文科的更要学点自然科学，没有这些常识，从事专业工作甚至会出笑话。大学生学习不能"急用先学，立竿见影"，要从提高整体素质入手。

但是，综合素质提高了，知识多了，并不一定能力就必定会提高。运用知识的能力还要在工作中提高。企业或单位用人是要看实际能力的，而检验这种能力的唯一标准就是业绩。企业招人往往要看工作经历正是这个原因。一个刚刚大学毕业的学生，无论你的潜在能力有多高，知识多丰富，也不可能获得高职位或高薪。大学生找不到工作的一个重要原因就是他们对自己评价过高，期望值也过高，总觉得自己怀才不遇。以这种心态进入社会，恐怕十个有十个要失败。所以，大学生失业实际是一个伪问题，只要放下架子，哪里需要去哪里，不要把自己作为天之骄子，觉得只能从事高薪职业，只能在大城市，天地就是广阔的。中国大学生并不多，需要大学生的地方很多，哪会没有工作呢？

如果大学生肯从最平凡、薪水也不高的工作做起，在实际工作中不断提高自己的能力，把学到的知识运用到工作中去，他们的进步一定会比其他人快，也会更快地得到提升和加薪。潜能是在逐渐发生作用的。发生作用的基础是实际工作。如果不愿从最底层做起，潜能得不到发挥，年轻时是一个"愤青"，到老了，一事无成，也只能是一个"愤老"，也会到处像蠢鱼一样受别人欺侮。

记得电影《教父》中第二代教父迈克尔的未婚妻毕业于美国一所名牌大学，但她毕业后却自愿到一个乡间小学当老师，而且十分满意这份工作。如果我们的大学生都有这份心态，肯定都会有工作，而且也不会一辈子干这份工作。你会随着经验的积累不断跳槽，最后实现自己的理想。

千里之行始于足下。要想不成为吃了书而受人欺侮的蠢鱼，就要从平凡的工作开始。

学历不是唯一标准

一位企业家朋友求贤若渴，在一次宴会上结识了一位美国回来的 MBA。这位 MBA 与他谈管理理论，从泰勒到杜拉克，无一不熟。我这位朋友大喜过望，高薪聘他到公司任副总，主管企业经营。结果一年之后公司业绩下降，人心涣散。他只好忍痛解聘了这位 MBA。他问我，错在什么地方？我给他讲了《百喻经》中《显贵的公子掌舵》这个寓言。

从前，有一个显贵的公子和一些商人到海上采珠宝。这个公子背诵了驾驶海船方法的条文。例如，船驶进漩涡，碰到逆流，遇到有礁石的激流险滩，如何掌舵，拨正航向，稳住船身,等等。他背得滚瓜烂熟,说得头头是道,众人皆服。不久掌舵人得病身亡,这位公子接替掌舵。船驶进有漩涡的激流之中,他按所背的条文去做,结果毫无作用,船无法前进。最后船沉了,包括这位公子在内的人都淹死了。

这个故事颇像《史记》中的"纸上谈兵",显贵的公子与熟读兵书而使赵国大败的赵括一样。这说明这种现象在中外都相当普遍。从经济学的角度看,这是一个如何判断与使用人力资本的问题。

市场竞争的核心是人才竞争。人才就是有更多人力资本的人。人力资本是人具有的体魄、能力和工作态度,它由正规学校教育、在职培训、经验等形成。但一个人力资本多的人和一个几乎没有人力资本的人在表面上很难区分出来,而且,个人具有多少人力资本也很难衡量。

因此,如何判断和衡量人力资本是吸引人才的关键。

许多人简单地把学历作为判断人力资本的标准,这不能说完全没有道理。经济学家用两种不同的理论来解释学历与人力资本的关系。一种是教育能力论,即受教育多、学历高的人能力强。另一种是教育信号论,即学历表明能力高的信号。在大多数情况下,学历高的人能力强,人力资本多。按学历判断人力资本,是有道理的。

但学历绝不是唯一的标准。我们判断一个人的人力资本,最根本的还不是看他读了多少书,有多少知识,或者得过什么学位,而是看他的业绩。仅仅有书本知识并不等于有实际工作能力,也不一定能做出业绩。培根的名言"知识就是力量"其实有点简单化,能成功地运用知识把知识变为业绩,才是力量。要把书本上学到的知识变为能力,在实际中发挥作用,还要具备两个条件:一是正确的工作态度,比如勤奋、努力,以及善于与别人合作(具有团队精神);二是了解实际情况,会灵活地运用知识,在这种运用过程中就积累了丰富的经验。正因为如此,经验被认为是人力资本的主要来源之一。

显贵的公子和赵括都读了许多书,的确有丰富的书本知识。要在今天,这位公子可以获得航海学博士后,赵括也是军事战略学博士后。但为何他们一个掌舵使船沉没,一个指挥作战而大败?他们缺的正是实践和经验。行船与打仗千变万化,书本知识根本不能以不变应万变。没有开过船和打过仗的书呆子,书本知识再多有什么用?仅仅有书本知识和学位决不能成为人力资本。所以,把学历作为判断人力资本和招人的标准就会有失误。

我这位朋友所招的美国 MBA,书本知识的确不少,许多管理理论,甚至管理权威们的语录都能倒背如流,但对中国的实际情况却并不了解。而且他也没有努力去熟悉中国企业和市场的实际情况，只是把书本上的教条搬到实际中，因而失败也就是必然的。外国的管理理论是从外国企业管理实践中总结出来的，反映了企业管理中的共同规律，但要把这些规律运用到一个具体企业中时就必须从这个企业的实际出发。在这一点上，这位美国MBA与显贵的公子和赵括，没什么差别。但这位MBA还有一个致命的缺点，那就是以洋MBA自居，目空一切，无法与他人合作。一个人无论有多大能力，如果不具有使这种能力发挥作用的团队精神，他的人力资本就变为零了。我说我这位企业家朋友，你雇了那个显贵的公子掌舵，岂有不败之理？没有沉船，让你们全死，就算不幸中的万幸了。

当然，我们这样说绝不是否认书本知识和学历的重要性。读书与上学对一个人提高能力是极为重要的。如果显贵的公子学了书本上的驾船术，然后注意结合实际运用这种知识，他将来的驾船技术一定要高于没有读过书的人。同样，熟读兵书的赵括若能从实际出发，指挥作战的能力定会超过他爹赵奢。理论和书本知识都是有用的，关键是如何用。如果招收了美国MBA，让他从基层干起，而且他又注意了解中国企业实际，不断积累经验，虚心向别人学习，他一定能比别人更好地做一个成功的CEO。美国的MBA毕竟不是白给的。我对我的企业家朋友说，从这种意义上看，你又付高薪，又给高位，让他目空一切，实际是害了他。如果显贵的公子拿到航海学博士之后，从船员做起，肯定能成为一个优秀的船长。

寓言总和现实惊人的相似，愿所有企业家都能记住这个寓言，不要犯我的朋友那样的错误。

用人力资本创造财富

据说法国的拿破仑最爱护有学问的人,他远征埃及时带了许多学者,这些学者行军中有马骑,安排在队伍中间,受到无微不至的呵护。拿破仑的一句名言是:一个法兰西院士抵得上一个军团。这种尊重知识和人才的法国观念也体现在法国文学家拉·封丹的寓言中。

拉·封丹有一个题为"学问的优势"的寓言,说的是城里有两位市民,一位很穷,但富有学问,一位很富,但知识贫乏。无知的富人总想压倒聪明的穷人,认为自己大把花钱才养活了芸芸众生。后来战争摧毁了富人和穷人的家园,他们背井离乡,逃离了故城。富人无知而又一无所有,所到之处得到的是冷漠眼神,而聪明人却到处受到欢迎。作者的结论是:"任无知小人贬低学问,知识有价贵重比黄金。"

许多社会尊重学问是因为学问能变为财富,寓言中讲的富人无知、学者无钱的现象在社会中是存在的,但更多的还是有学问者富有,无知者贫困。古今中外,"学而优则仕"都是规律,所以才有"书中自有黄金屋,书中自有颜如玉"之说。但学问为什么能带来财富,则直到现代经济学中出现了人力资本理论才做出了科学的解释。

经济学家在研究各国经济增长时发现,在增长过程中,生产率的提高是关键。生产率的提高依靠人均资本量的增加和技术进步,这两者的根源都是知识增加。人均资本量的增加不仅是资本数量的增加,而且是资本质量的提高。资本质量的提高体现了技术进步。

例如,当人均资本从10万元增加到100万元时,并不是简单地由一台牛头刨床增加为10台,而是用数控机床代替了老式牛头刨床。这时生产率的提高就不是10倍,而是20倍,甚至更多。数控机床代替牛头刨床,是技术进步的结果。技术进步是把增加的知识和学问运用于生产实践。正是由于数学、控制论、机械学、冶金学等方面知识和学问的增加,人们才发现了数控机床。

可以说，没有人类社会知识和学问的进步与积累，就没有今天的技术进步，以及物质财富的极大丰富。

如果我们对比不同的国家就会发现，文化水平高，从而知识和学问多的国家，经济增长必定迅速。贫穷国家落后的重要原因就是缺乏知识和学问。只要比较一下发达国家和发展中国家的人均受教育年限就可以理解这个道理了。由此我们知道，对一个国家而言，知识和学问就是财富。而这也正是各国大力发展教育、科研、文化事业的重要原因。

对个人来说，知识和学问是个人财富的积累，也是财富的来源。谁都知道，用已有的财富可以创造更多的财富。过去总习惯把土地、房产、资本设备或金钱作为财富，这当然不错，但并不全面。在经济学家看来，这些是有形的财富，即实物资本。人还有另一种财富，就是以知识和学问为形式的无形财富，即人力资本。

寓言中的富人只有实物资本而无人力资本，穷人没有实物资本而有人力资本。对人来说。人力资本往往比实物资本更重要。遭遇战乱或自然灾害之后，实物资本很容易被破坏，但人力资本却与人本身共存亡，只要人在，人力资本就在。寓言中的富人在战乱后失去实物资本，一文不名，而穷人的人力资本则仍然完好无缺。犹太人最懂这个道理。他们到处流浪，实物资本很可能失去或被夺走，但人力资本却随人而走。所以，犹太人最重视积累人力资本。这也是他们成功的基本原因。

与实物资本相比，人力资本在为社会创造财富的同时也为个人创造了更多财富。

在美国这样的发达国家，造成贫富差别的主要原因已经不是实物资本——由继承遗产而来的财富，而是人力资本差别，如果把受教育程度作为人力资本的标准，20世纪50年代，大学毕业生比高中毕业生收入高42%左右，到80年代，这一差距已扩大了一倍——84%左右。随着新技术革命的加剧，这一差距还会扩大。在我国"造导弹的不如卖茶叶蛋的"这种脑体倒挂现象已经不复存在。据抽样调查，大学毕业以上的人与初中以下的人收入之比为1∶0.6左右。

在拉·封丹的寓言中强调的是"学问"二字。其实用"学问"来概括人力资本并不确切，因为"学问"就是知识，而仅仅有学问却并不一定就能转化为带来经济效益的人力资本。

人力资本包括知识和经验，只有把知识运用到创造社会财富的地方，知识对社会、对个人才能成为财富，才是人力资本。经验之所以重要，就在于它是运用知识的基础。一个获得博士学位、满腹经纶的人不一定能创造财富，只有既有知识又有丰富实践经验的人才能把知识变为财富。拉·封丹寓言中那位饱学之士应该是有实践经验的，否则他不会所到之处都受到欢迎。

由拉·封丹的寓言《学问的优势》到现代人力资本理论都体现了对学问和知识的尊重。不过寓言讲的是"应该尊重学问",人力资本讲的是"为什么要尊重学问",前者是文学,后者是科学。文学寓言中包含了真理。科学解释真理。寓言给我们以启发,科学指导我们的行为。

警惕经济学流言

《挖井得一人》的寓言出自《吕氏春秋》。说的是宋国一户丁姓人家，家里没井，经常需要一个人外出打水。后来在家里打了一口井，告诉别人，我打井等于得到了一个人。此语流传出去就变成"丁家挖井挖出来一个人"。这个流言一直传到宋国国君耳中，国君就派人去了解情况。

打井挖出一个人，显然荒诞不经，但却居然有许多人（包括英明的国君）相信。如果再有经济学家根据这个并非事实的传言分析其经济学含义——如打井的外部效应之类，这就是"挖井得一人"的现代经济学版了。我这样说并非空穴来风，因为一些经济学家经常把流传于他们之间的一些"寓言"作为事实，从中引申出一些理论结论。

经济学中最有名的寓言莫过于《灯塔》了。乍一看，灯塔为过往船只指示方向而无法收费。著名经济学家约翰·穆勒、亨利·西奇威克、阿瑟·庇古、保罗·萨缪尔森都用这个事实来证明市场失灵和政府干预的必要性。灯塔真的是因为私人无法收费而必定是公共物品吗？罗纳德·科斯写了《经济学中的灯塔》，揭开了灯塔的真相。科斯详细研究了英国灯塔制度，证明英国的灯塔最初正是由私人建造和经营的，完全可以收费，并作为一项有利的事业来经营，所以，灯塔并不是作为只能由政府提供服务的例子。科斯指出，这些经济学家"不熟悉英国灯塔制度如何运行的细节"，只是"凭空拿来作为一个例子"。这就是"挖井得一人"的现代经济学版。

像这样的例子在经济学中还有不少。另一个例子是被广泛引用的通用汽车公司收购费雪车体公司的案例。流行的说法是，费雪车体公司利用自己在车体生产中的优势，向通用公司敲竹杠，价格定为成本加17.6%的利润，而且拒绝在离通用汽车组装厂近的地方建厂。通用公司无法忍受而收购了费雪车体公司。现代经济学家用这个故事来证明资产专用性和机会主义行为所引起的市场失灵。这个故事在契约理论和企业理论中被广为引用，用来证明不同的观点：克莱恩、克罗福德和阿尔钦用这个故事来证明纵向一体化的必要性，威廉姆森用这个故事说明契约中的机会主义行为，哈特则用这个故事支持他的企业产权理论。

罗纳德·科斯的论文《通用汽车公司收购费雪车体公司案》和雷蒙·卡萨底瑟斯——马萨内尔和丹尼尔·史普博的论文《费雪车体的寓言》用详细的事实证明了，许多经济学家所用的这个案例根本不是这两家企业合并的事实。谁也没弄明白通用与费雪车体公司合并的真相，就以讹传讹地演绎出了许多结论。事实上，通用公司与费雪车体公司的合同关系是可信任的，并不存在利用契约敲诈之类的机会主义行为。通用公司1919年收购费雪车体公司时把所有权与控制权分开，并不是由于其他原因要控制该公司。完全并购实现纵向一体化是为了更好地进行纵向协调保证车体供给，以及引进费雪兄弟的经营管理天赋。传言中所说的费雪车体公司的工厂与通用的汽车组装厂距离远，以及车体生产的专用性资产投资大，都不是事实。因此，以这一案例为基础的种种推理都难以成立。

美国经济学家丹尼尔·史普博编的《经济学的著名寓言：市场失灵的神话》中收集了经济学中《挖井得一人》的寓言，除了上述两个外还有由蜜蜂寓言引出的外部性，由键盘标准引出的市场低效率，由英国小煤车引出的市场选择不利于技术进步，等等。这些事例说明，经济学家有时会根据"挖井得一人"的传言做出分析，推导出结论，但对"挖井得一人"的事实却并没有进行详细考证，结果难免人云亦云。

经济学是一门以事实为依据的科学，无论多么抽象的推理或者多么复杂的模型，都要反映现实经济关系。确认事实应该是研究经济学的第一步，这就是我们常说的实事求是精神，也是研究中应当倡导的"不唯上，不唯书，只唯实"的作风。许多经济理论的错误并不在于推理的错误，而在于它一开始依据的事实本身并不正确。

在经济学研究中，比相信"挖井得一人"这种传言更危险的是为了证明已有的理论或自己赞同的理论而捏造事实或歪曲事实。本文中所举的灯塔和通用兼并费雪车体公司都是要证明市场失灵的。市场是否失灵可以讨论，但用这些传言或虚构的事件来证明市场失灵绝不可取。许多经济学家利用这类传言的错误在于先有了市场失灵的观点，再用这些所谓事例来证明。这恰恰颠倒了事实与理论之间的关系。在一个功利主义盛行的世界中，这种现象太多了。

流言止于智者。"挖井得一人"由于宋国国君的怀疑，经调查而被否定，经济学中的许多"挖井得一人"的故事也要由科斯这样严肃的学者来澄清。

第二篇
经济学中的经商逻辑

经营管理有规律无模式

某个企业成功了,一些管理专家把其经验总结出来,上升到理论高度,称为放之四海而皆准的某模式推广,但照搬此模式的,成功者少。缺乏创新而只会模仿自己或别人过去成功的经验是人类自古以来的弱点。《伊索寓言》中的《驮盐的驴》正是讽刺这个弱点的。有条驴驮盐过河,一不小心滑跌在水里。盐溶化了,它爬起来后觉得背上的负担轻了。又一回,它驮着海绵过河,心想跌倒后再爬起来,背上的负担肯定也会减轻,于是就故意滑了一跤。结果可想而知,海绵进水后一膨胀,驴子再也爬不起来,便淹死在河里,一命呜呼了。作者评论:"由是观之,世情变幻莫测，有人机关算尽，卒致殃及己身。"

在寓言中，驴子总是愚笨的角色，把一次偶然事件当作普遍规律，以为放之四海而皆准，反送了"卿卿性命"。那些把一个企业偶尔成功的做法变为模式，到处套用者，不也正是伊索所嘲讽的吗？类似《驮盐的驴》的寓言在现实生活中亦无处不在。

某个家电企业生产了一种成功的家电，这种产品成为名牌，尽人皆知。这家企业又生产了同样名牌的其他家电。由于原来的产品在消费者中的信誉与知名度，其他家电产品也借已成功的品牌而畅销。于是，就有市场营销专家把这种做法概括为"品牌延伸"模式，并作为一种战略向其他企业推销。有生产日用卫生品的企业学习这种模式，把自己生产的所有日用卫生品都用一个品牌，并投入巨量广告费用，以期这个品牌给它带来滚滚财源。不幸这个企业犯了驴子一样的错误——这个企业的卫生间用的卫生纸和餐桌上用的餐巾纸用了同一个品牌，消费者无法从品牌上区分哪一种纸用在什么地方，而这两种纸又是不能互相替代的。于是，消费者只好去购买其他企业不同品牌的纸了。最后这个企业也就像驴子一样淹死了——破产了。

为什么成功地运用于家电企业的品牌延伸战略在这家日用卫生品企业身上却失败了呢？这就在于不同行业的品牌有不同的作用。品牌是产品质量的保证，也是使用者身份的象征。购买并使用名牌家电，质量可以得到保证，也显示出使用者有身份。这正是名牌家电价格高而销售量大的原因。创造一个名牌不仅要产品好，还要投入巨资做广告。因此，有了一个名牌产品之后，把这个名牌运用于自己的其他产品，可以利用已有的名牌优势，节省广告支出。从这种意义上说，品牌延伸战略有其可取之处，也为许多企业所采用。

但品牌延伸战略并不是放之四海而皆准的，不是一个人人都可以套用的模式。正如驴子摔一跤不见其重量都减轻一样。至少在两种情况下，品牌延伸战略难以成功。一种就是我们谈到的日用卫生品的情况。在这种情况下，品牌还有向消费者表示产品不同用途的作用。消费者需要一个简单易记的信号来分辨同类产品的不同用途。例如，用品牌来表示用在不同地方的卫生纸。这时再采用品牌延伸就难以成功了。对这类产品而言，正确的品牌战略应该是品牌细分。宝洁公司的洗衣粉有9个品牌之多，不同的品牌表示用以洗不同的衣物，消费者一目了然，使用方便。宝洁公司成功了。

另一种情况是，如果以后的同类产品质量不如以前的，低质量产品沿用高质量产品的品牌也会把这个牌子毁掉。你的一种家电成功了，但另一种家电并不成功，品牌不就被毁了吗？一些企业生产出一种产品后，把品牌出卖给生产同样产品的企业，让他们贴牌生产，结果毁了自己品牌的也不是一家两家了。当年的飞鸽自行车正毁在这种品牌的延伸上。

产品千差万别，用途各自不同，对不同产品，品牌的作用也不完全相同。套用一个品牌延伸模式，岂不犯了伊索笔下驴子的错误？

当然，我这里说的品牌延伸仅仅是一个例子。在企业经营管理中，类似这样的情况是普遍存在的，绝非个例。企业的经营管理是有规律的，这些规律是企业经营管理实践的总结和理论化。规律具有普遍意义，但规律的运用却是有条件的。只有在具备一定条件的情况下，才能运用某种规律并成功。规律不同于可操作的模式。应该说，规律并不复杂，可以从书本上学到，真正困难的是如何根据实际情况"活学活用"规律。美国经济学家弗里德曼说，经济学规律就那么几条，其实很简单，难就难在如何运用这些规律上。他的这句话也完全适用于管理学或市场营销学等一切经营管理学科。

驴子当然总结不出什么情况下滑到水里重量能减轻，什么情况下反而适得其反的规律。人比起驴子的高明之处就在于能从失败和成功的经验中总结出规律。专家们所做的正是这种工作。如何应用这些规律取决于企业家本人的悟性和经验。正是在这种意义上，我认为，经营管理有规律而无模式。可惜我不能把这个道理通过时间隧道去告诉伊索时代的驴子，而只能警示今天的企业家了。

多元化经营的途径

猴子善于模仿人,一只猴子在树上看渔夫把拖网撒入河里捕鱼。等渔夫去吃午饭时,猴子就从树上下来模仿渔夫。可是它一拿起网就被缠在里面,再也出不来了。猴子喃喃自语:"我真是自作自受,又没学过打鱼,为什么偏去干这一行呢?"这是《伊索寓言》中的《猴子和渔夫》。作者说这则寓言的寓意是:于本行无涉之事,偏偏强行介入,岂止一无所获,且将危及自身。那些在多元化过程中,不顾自己本身的条件进入陌生行业的企业,与这只自作聪明的猴子,颇有几分相似。

企业要做大做强，实行跨行业的多元化经营的确是一条可选择的途径。世界上的许多企业都是在多元化过程中成长起来的。但多元化又被称为"美丽的陷阱"，看起来十分诱人，却也充满了危险，一不留神就会掉下去。我们看到了成功的多元化的企业，千万别忘记，还有许多企业正是在多元化的过程中消亡的。正如那只猴子，除了在树上采果子外还想捕鱼，如果这种跨行业经营成功，有果有鱼，生活会更好，但如果不幸被网缠住，就连命也没了。那么，在多元化中如何才能避开陷阱，获得好的结果呢？

任何一个多元化企业在不同发展阶段一定要以一业为主。经济学中把多元化企业称为产品不相关企业，这种企业一种产品的收入应占到它全部收入的70%以下。说70%而不说30%或40%，就是指它来自主业的收入应该接近70%。主业是自己已经成功的行业，有了成熟的技术，占有了有保障的市场，能给企业带来稳定的现金流和可观的利润。这可以使企业有资金实力去开拓新行业，而且有能力承受开拓新行业中的风险，即使失败了仍可以靠自己原有的行业东山再起，而不至于破产。正如猴子把采果子作为主业，即使捕鱼失败了，还可以以果子为生，伺机再去做其他事。

猴子并不真正懂捕鱼，只是照猫画虎地学了几个撒网的动作，用我们的话来说就是进入了陌生的行业。所以，一旦进入就等于进入了一个自己不了解的雷区。每一个行业都有自己的特点，外行人只看到表面，而不了解内在的情况，不了解什么地方有地雷，就很容易产生猴子捕鱼一样的结果。曾经是亚洲女首富的香港龚如心，曾经想进入上海的超市和农业行业，收购了有47家门店的顶顶鲜超市，并在崇明岛租地6000亩，意欲"打造生鲜帝国"。但由于她从未涉足过这两个行业，而且其手下也没有这方面的经营专家。所以，尽管这都是有前途的产业，但最终因不熟悉这些行业而失败了。顶顶鲜是转手好几家连续亏损十几年的超市，龚如心并没有研究它过去亏损的原因，岂有不败之理？真正了解一个行业不容易，许多成功多元化的企业在进入一个行业之前都做过大量调查研究，搞清楚了地雷在什么地方。没有这种熟悉过程，就像猴子贸然去捕鱼一样。

猴子能不能去捕鱼还取决于它本身的能力。企业能否成功地跨行业也是这样。企业的能力包括的内容很多，但就多元化而言，关键是融资能力和人才。进入一个行业需要大量资金，有些行业是要有前期大量投资才会有以后的收益。人们形象地把这种做法称为先烧钱再赚钱，烧不起钱就赚不到钱，但要烧得起就必须有钱。许多人都知道香港"壹周刊"曾经在经营上是相当成功的。但很少有人知道，它是在投资9000万港币后才有后来的成功的。如果当年烧到8000万就没钱了，也再找不到钱了，那烧掉的8000万岂不就白烧了？做企业都知道现金流重要，一旦现金流断了，任何有前途的行业都无法成功。我们这里强调的是融资能力，而不是自有资金。只要有成功的希望，借钱并不可怕，而如果没有借钱的能力，有成功的希望又有什么用？对进入许多行业来说，也许人才比金钱还重要，比如做期货、证券这类行业，成功的关键是人。成功从事这些行业的人，不仅要受过专业教育，最重要的还是有丰富的经验和悟性。这样的人往往是可遇而不可求的，也不一定是高薪就可以请来的。所以，如果没有这方面的优秀专业人才，资金再雄厚也别贸然进入这类行业。每个行业都需要精通本行业业务的专门人才，离了他们，地球真就不转。有些烟草、医药或其他行业，以雄厚的资金实力进入餐饮、饭店这类行业。看来这些行业没什么神秘之处，但做饭的厨师、饭店的经理就是专门人才。一个能做熟饭的人并不一定是好厨师，而没有好厨师，谁去你那里吃饭？其实猴子是可以捕鱼的，但像寓言里讲的那样，仅仅学了几手撒网的动作就去捕鱼，当然必败无疑。正确的方法是，猴子先认真学习渔夫如何捕鱼（熟悉一个行业），以采果子为主积累买渔网需要的钱并维持正常生活（一业为主），看看自己能否借到捕鱼所需的资金，能否找到善于捕鱼的猴子（资金与人才），然后一步一步去做。猴子没有这种智慧，但做企业的人应该想到这些。这才是人比猴子的高明之处。

有特色不愁销路

在一次文学集会上,一位诗人大读特读他本人的新作,时间几乎全让他一人占了。当有人问起克雷洛夫有什么新作时,他就读了这篇《杰米扬的汤》。列宁也把某些官员作的冗长无味的八股报告称为"杰米扬的汤"。

其实杰米扬做的鲟鱼汤是非常好的。上面漂着一层油,像琥珀一样,里面则都是鲟鱼片和鱼内脏。但为什么他的朋友福卡却吓得逃了,从此再不敢去找杰米扬呢?原来杰米扬认为自己的汤好,就逼朋友一碗一碗地喝,他的朋友已经喝了三大碗,再也喝不下,他还要强迫人家"再来一碗又何妨"。

经济学家用边际效用递减原理来解释"好汤也不是多多益善"。效用是人们消费某种物品（例如鱼汤）时所得到的满足程度。例如，喝一碗鱼汤得到物质上的满足，或看一本《克雷洛夫寓言》得到精神上的满足。效用完全是消费者的主观感觉，取决于个人偏好，没有什么客观标准，不同消费者消费同样的东西获得的效用并不同。

经济学家在分析效用时用了一个重要的概念边际效用。边际效用是指消费者多消费一单位某种物品所增加的满足程度。例如，福卡喝一碗汤时，效用为30，喝两碗汤效用为40，增加第二碗汤增加的效用为10(40-30)，所以，第二碗汤的边际效用就是10。

尽管效用是主观的,但所有人的消费都遵循一个共同规律。这就是随着所消费的同一种物品的数量增加，增加的满足程度，即边际效用，是递减的。例如，福卡喝杰米扬的第一碗汤时，感到味道鲜美，边际效用是30。喝第二碗汤时，味道不如第一碗，边际效用是10。喝第三碗汤十分勉强，边际效用是零。如果再喝第四碗汤，都要吐出来了，边际效用就是负的。所以，福卡赶快逃跑了。这种规律就是边际效用递减规律。

边际效用递减规律不仅是一种现象描述,还有其理论依据。人从消费某种物品中得到的效用或满足从生理学的角度看是外部刺激引起的兴奋（喝汤刺激胃，引起人的精神兴奋，称为效用）。当同一种刺激反复进行（不断喝汤）时，兴奋程度会越来越低，这就是边际效用递减。你要不相信，就自己喝鱼汤去试一试。

在经济学中，边际效用是一个十分重要的概念，边际效用递减也是经济学的基本规律之一。经济学家用边际效用解释价值的决定，引起了经济学上一种革命性变革。所以，边际效用理论的出现被称为经济学中的"边际革命"，它成为现代经济理论的基石。当然，这类理论上的意义我们不用深究，但这种理论的现实意义却值得我们注意。

现在许多企业都为产品卖不出去发愁。其实产品卖不出去，并不是消费者没有购买能力，而是你的产品不能满足消费者的需求，给消费者带来了边际效用递减，成了"杰米扬的汤"。举个例子吧，中国号称瓷器大国，但市场上却几乎都是图案与造型极为相似的青花瓷。同样的瓷器，你顶多需要一套就可以了。相同的瓷器再多就边际效用递减了，甚至没地方放，边际效用就为负的了。但是不是瓷器市场就这样有限呢？当然不是。相同的瓷器才带来边际效用递减，不同的瓷器就不存在边际效用递减——记住，边际效用递减是对同样东西数量增加而言的，不同的东西满足消费者的不同需要，就没有边际效用递减。瓷器可以有不同造型与图案，每种瓷器可以满足不同需求，带来不同的效用。例如，实用性的瓷器可以在生活中用，艺术瓷器可以作为欣赏，给消费者带来精神享受，为儿童喜爱的动画瓷器，可以满足父母爱孩子的需求，则是另一种满足。这样的三套瓷器当然就不存在边际效用递减，因而也就不会没有需求了。

消费者对物品有多大需求取决于他消费这种物品得到了多少边际效用。消费者从一种物品中得到的边际效用大，就愿意出高价买；反之，消费者从一种物品中得到的边际效用小，就只愿出低价。如果边际效用为零，甚至负数，像杰米扬的第三、第四碗汤，消费者决不会买。现实中，不少企业做了多少杰米扬的汤，卖不出去，不是很正常的吗？经济学家常说，没有卖不出去的产品，只有消费者不需要的产品。只要不是杰米扬的汤，一定可以卖出去。

许多企业之所以产品没有销路，正在于不会用有特色的产品去满足消费者的不同需求。尤其是当市场上出现一种新产品时，其他人也一哄而上去简单模仿，使产品数量增加引起边际效用递减，产品卖不出去。其实只要动点脑筋，推出自己有特色的产品，还愁没有销路吗？

福卡不喜欢杰米扬的汤，甚至以后再不敢去杰米扬家，还是因为汤太单一了。如果杰米扬能做出不同风味的汤，或者汤再配上不同主食，尽管福卡一次吃的量有限，但每次吃的都不同，他会很愿意经常去杰米扬家。企业如果不只做一种杰米扬的汤，福卡们不就蜂拥而至了吗？别学杰米扬，顾客遍天下。

从商不学胡雪岩

　　企业界流传的一句话是"从商要学胡雪岩"。胡雪岩是清末靠官员发达起来的一个巨商。"从商要学胡雪岩"就是要走胡雪岩依附官场之路。在封建社会里，要做一个成功的商人这也许是一条捷径，但这是现代社会企业家的成功之路吗？依附别人者终究难以成功。不信，你读读克雷洛夫的寓言《雄鹰和蜘蛛》。

　　一只雄鹰飞上高加索山的顶峰，它站在一棵百年古松之上欣赏美景，赞美主宰万物的宙斯，突然看见一只蜘蛛正在它的头顶上结网。雄鹰觉得很奇怪，就问："你是怎么上来的？"蜘蛛说是靠雄鹰的尾巴上来的。这时一阵旋风吹来，蜘蛛又被吹回到地面上。作者感叹："不知大家怎么想，反正我觉得世上某些人常常同这个蜘蛛一样，他们既无本事又不努力，不过是抓着权贵的尾巴而青云直上，却还挺胸凸肚，仿佛上帝给了他们雄鹰的力量，尽管一阵旋风就能把他们刮下来，连同他们的蛛网。"

胡雪岩的能力当然比蜘蛛强得多，但他靠杭州知府王有龄起家，又靠封疆大吏左宗棠发达。没有这些雄鹰，胡雪岩成不了大器。当然，最后胡雪岩也和蜘蛛一样，在失去靠山后被一阵旋风吹落，破产了。现在不也有一些民营企业家依靠个别贪官成就了一番事业，但当贪官倒台后自己也受牵连，或者逃往国外，或者企业破产吗？

靠贪官不行，靠清官行吗？胡雪岩当年所靠的官还都是清官。胡雪岩靠清官成功的关键在于当时的社会是封建社会，政府是一个全能全权的政府，而且，社会是人治社会，政府还是由官说了算。当时的经济完全由官府控制，官府又由官说了算，商人或企业家只能仰仗官的鼻息生存与发展。当官的要你亡，任凭你有多大能耐，也成就不了什么事业；当官的要你兴，给你各种优惠政策，各种特权，再笨也可以做出一大片事业。胡雪岩也好，扬州盐商也好，徽商也好，晋商也好，他们的发迹都离不开官府的支持或给予的特权。在这种社会里，只有靠官——无论贪官或清官——才能成功。

市场经济中讲究公平竞争，政府和官员的责任是为经济运行创造一个良好的环境，没有权力给什么人优惠和特权。所有企业，无论采取哪种所有制，无论大小，在法律面前都是平等的。依法行政，秉公办事的清官是不能靠的，他们不会像王有龄或左宗棠一样给你特殊优惠。所能靠的只是贪官，他们以权谋私才能违法地利用自己的权力为你办事。但贪官如冰山，迟早是要倒台的，一旦贪官倒台，靠他们发迹的企业家们就会像蜘蛛一样掉下来了。

在一个法制的市场经济中，企业家的成功靠的还是个人。个人奋斗才是企业家成功的人间正道。许多没有任何官场背景的民营企业家，依靠自己的奋斗做成了一片大事业，成为进入福布斯排行榜的明星，正说明了这一点。一个成功的企业家说到底靠的还是个人的能力、努力和机遇。这种能力包括对市场的敏感和经营管理的才华，也包括勇于开拓的胆识。努力指勤奋地工作，付出超乎寻常的劳动和汗水。机遇则是指他们能抓住有利时机。改革开放为每个人都提供了同样的机遇，但只有少数人抓住了这种千载难逢的机遇。每一个成功的企业家都有一部充满泪水与汗水的奋斗史，而不是无耻地向官员送礼的拍马屁史。成功的企业家要更上一层楼靠的仍然是自己的能力，而不是混迹于官场。

我们说企业家的成功靠个人，并不是说他们就可以脱离政府。应该说，成功的企业还要善于利用政府的政策来发展自己的企业。这也是企业家的能力之一。靠政府或官员的特殊政策发展和利用政府的正常政策是两个不同的问题。针对个别企业的特殊政策要靠政府某些领导的"恩赐",因而要获得这些特殊政策就不得不走依附官场之路。但政府的正常政策对所有企业都是一视同仁的,你善于利用就是你的能力。例如,增加基础设施的财政政策为所有企业提供了同样发展的机会,如果你能比别人早一步预料到这种政策变动,扩大自己钢材、水泥之类基础设施所需产品的生产能力,你就会比别人成功。同样,如果你能正确预期到货币政策引起的利率变动趋势,你就可以在利率最低时增加投资,节约投资的利息成本。好的企业家不是两耳不闻窗外事的人,而是关注政府政策变动,并根据这种变动调整自己企业决策的人。

胡雪岩之所以对许多企业家有吸引力,是因为我们的经济现在还不是一个完全的市场经济,政府的作用仍然十分重要,依靠某些特殊政策或特权成功的民营企业也不少。这种现象在各国市场经济初期都出现过,但绝不是市场经济的普遍规律。我们的市场经济正在完善之中,政府权力也正在逐渐退出经济活动。因而搞好企业还要靠自己,胡雪岩之路决非市场经济的人间正道。

依靠雄鹰上到高加索山的蜘蛛掉下来了,依靠官场的胡雪岩最终垮了,依靠贪官的民营企业家倒了——难道还有谁想沿着这条路走下去吗?

大有大的难处

许多企业家都有一个大企业梦,总想把自己的企业做到行业老大,也总在不惜一切代价扩大企业。大一定好吗?克雷洛夫的寓言《橡树和芦苇》,对这个问题作了一个很好的回答。

一天,橡树和芦苇闲谈。橡树说:"你连麻雀的体重也经不起,一阵小风就让你东倒西歪,狼狈不堪;而我像高加索山那样傲然挺立,在暴风雨中岿然不动。"芦苇回答:"我并没有那么可怜,风暴只能把我弄弯而不会弄断。"刚话至此,狂风骤起,橡树挺立,芦苇匍匐在地。风越来越大,将顶天立地的橡树连根拔起。

这个寓言是嘲笑大橡树，而赞美小芦苇的。用在经济中当然不能排斥大企业，而一味夸奖小企业。经济中既要有大橡树一样的企业，只有这样的企业才能在许多行业中实现规模经济，抗得住市场竞争的急风暴雨。但同样也需要芦苇一样的小企业。不过这个寓言对橡树的嘲弄和对芦苇的赞美还是有几分道理的。

"大有大的难处"，《红楼梦》中王熙凤的这句话说明了大企业的不利之处。从企业内部来看，大企业的产权是股份制，大股东与中小股东之间，作为所有者代表的董事会和经营者总经理之间，各级管理人员和员工之间，利益关系错综复杂，没有一种合理的公司治理结构，就难以协调这些关系，形成团队生产的合力。大企业内部管理体系复杂，无论是垂直式管理还是分权管理，都会有效率损失，信息的传递和决策也难以及时正确。这正如一棵大橡树，外表看来坚实得很，其实内里难免有被蚀空的地方，大风一来就不一定抗得住。从企业外部来看，船大难掉头，当市场需求发生重大变动时，很难适应——有多少巨大的打字机企业在电脑普及时因无法调整产品结构而倒下？

与大的难处相比，小企业尽管有它的弱点——正如橡树所说，弱不禁风。但它也有自己的优势：从内部来看，产权结构单一，通常是单人业主制。所有者和经营者是同一人，责权利完全统一在一个人身上，没有大企业那种复杂的委托——代理关系。企业规模小，管理体系简单，不会超出一个人正常的管理能力之外，信息传递和决策都迅速而及时，内部管理效率高。从外部来看，船小好掉头，能随时适应市场需求的变动调整产品结构。小企业经营好的例子也不少。

在这个寓言中，大橡树被狂风吹倒了，小芦苇依然活着。在自然界，大恐龙绝种了，与它同时代的许多小动物，却至今仍然有顽强的生命力。同样，在东南亚金融风暴中，韩国的大企业受到了致命打击，许久缓不过劲儿来。以大企业为支柱的韩国经济经历了严重萧条。但我国台湾省的中小企业由于灵活多变，善于匍匐在地，都安然挺过来了。以中小企业为主的台湾省经济几乎没有受到这场金融危机的冲击，在东南亚地区的萧条之中一枝独秀。世界上的事情就是这样，大不一定好，小不一定不好。大橡树并不一定处处优于小芦苇。

正如世界上不能没有大橡树，也不能没有小芦苇一样，一个国家的经济中，既不能没有大企业，也不能没有小企业。橡树和芦苇应该互相合作，而不是互相瞧不起。大企业可以作为一国经济的骨干。森林里没有大树，就不能称为森林。但森林里没有小草，同样也难以持久。它们是一个生态共存的关系。有些行业，企业规模要做大，但这些行业中也会有大量小企业。汽车行业的企业大规模者多，但仍有许多小企业为它们提供配件及相关的辅助服务。没有这些小企业，大企业很难有效率地存在并发展。这种行业中的小企业依然可以依靠大企业活得很好。大企业与小企业也是一种生态共存的关系。

还有一些行业，企业规模小更有优势，例如，许多服务业就是这样。众多的餐饮店规模都不大，但它们各自以自己的特色为一部分消费者服务，满足了不同消费者的偏好，也为自己找到了生存空间。当然，这样的行业也不排斥大企业，麦当劳就是这方面一个成功的例子。

企业的大与小是由其行业特点、地区和企业本身的目标，在经济中自发形成的。正如种下橡树种子，它就没法小，播下芦苇的种子也难长大一样。不要去人为地让橡树小或让芦苇大。当前的倾向还是好大，或者政府强制把小芦苇合成大橡树，或者是小芦苇自己一心要做大。当违背了自然规律时，合并而成的大橡树并没有大的优势——你把几千只小船绑在一起能称为航空母舰吗？小芦苇非要长成大橡树，结果有成功者吗？克雷洛夫对橡树的嘲讽和对芦苇的赞美表现了他对大官的不屑和对平民的热爱。这是他的民主思想。我用这个寓言更多是想嘲讽"大企业梦"。实际上应该是官有官的作用，民有民的作用，应该共存共荣。企业也是大有大的利弊，小也有小的利弊，应该大小共存，橡树与芦苇并存。

合伙人的分红争吵

克雷洛夫作为一个文学家当然不会去关心产权之类的问题，但他对社会现象描述的背后已经无意间证明了产权的重要性。他的寓言《分红》就是对产权不明晰后果的绝妙描述。

几个诚实的商人合开了一个店铺，等到赚得许多钱财，他们便停业分钱分物。但分红哪能不吵架？他们为钱为物吵得一塌糊涂。这时他们的房子起火了，但他们仍在为钱争论。他们争吵得忘了房子已经起火，以至全都被火焰吞没烧死，连同他们的财物。作者的结论是：当发生更为重大的事情时，大家全遭不幸的原因往往是，人们不是团结一致去对付共同的灾难，而是每个人都去争自己的利益。

注意，克雷洛夫说这几个商人都是"诚实的"，表明利益之争尚不是他们人格的原因。这种悲剧的发生是在"合开"商店这种制度上。合开商店为什么会引起这种结果呢？克雷洛夫没有回答。当然，我们也不应该要求克雷洛夫回答。

根据现代经济学的解释，合开商店是一种合伙制，即若干人共同拥有，共同经营，他们的权利是平等的。合伙制这种所有制的企业在法律上是无限责任制，即每一个合伙人都要对企业承担全部责任。如果一个合伙制企业破产欠了债务，即使最后只剩一个合伙人，这个人也要承担全部责任。这就使得合伙制中每个人的风险都加大了。

在合伙制内部，每个人的产权并不明晰，它是一种不分你我的共同所有。在企业建立之始，大家齐心协力为企业的生存与发展而奋斗，相互之间的矛盾并不突出。但当企业发展到一定阶段之后，由于产权的不明晰，必然会引发一系列问题。

首先是利益分配问题，即这个寓言中所讲的分红问题。企业分配的原则是看贡献的大小。贡献来自两个方面，为企业贡献的资金和为企业付出的人力资本（才能与努力）。合伙制企业建立之时，资金需求量并不大，往往是几个合伙人分摊，或每人拿相等的一份，或有多少拿多少。由于这种企业也谈不上什么公司治理结构，所以往往也就没有什么衡量每个人业绩的标准。这样当收入少时，利益分配的矛盾并不突出；可是一旦企业做大，收入相当可观时，利益分配的矛盾就突出了。"分红"中几个诚实合伙人的矛盾正缘于此。

其次是决策问题。当企业小时，决策不是问题，但企业做大之后，在如何发展的问题上合伙人之间往往也会发生冲突。决定企业的发展方向事关重大，每个合伙人都不会不关心。但是每个人又都有自己的看法，相互之间协商的交易费用亦很高。而若不能及时做出这种决策轻则会失去商机，重则会使企业解体，甚至破产。

这两个问题的争论都会使合伙人忘记房子着火的危险，最后人被烧死，一切都烧光。克雷洛夫讲的这种危险绝非危言耸听，而是每天都发生在现实中。

那些家族共有的家族企业和每个人股份相同的股份合作制企业都属于这种产权不明晰的合伙制企业。所以，合伙制企业在市场经济国家很少。在美国只有5%的企业是合伙制，而且主要是法律规定必须采用合伙制的律师事务所或会计师事务所。

要解决克雷洛夫所提出的诚实合伙人之间的分红冲突就必须使产权明晰。产权明晰的最好形式是股份制。股份制的实质是实现产权明晰。在股份制企业中，所有者可以很多（股权多元化），但每个人在企业中的产权则要由他所持有的股份来确定，股权有具体的所有者。股权的多少决定了每个所有者在企业中的权力、利益和责任，从而也决定了每个所有者应分到的红利和将要承担的风险。如果克雷洛夫那几个诚实商人在商店中的股权明确，他们分红时也就不用争吵，以至于最后店毁人亡了。

但应该强调的是，即便每个所有者的股权相等，即我们说过的股份合作制，也仍然会有冲突，而且，如此多平等的股东要达成一致所需的交易成本将会极高。所以，在股份制企业中一定要实现股权相对集中，即要有获得最大利益、有最大责任和决定权的大股东。小股东关心企业的成本远远大于收益，因为关注企业要付出大量时间与金钱收集信息，而从企业中得到的好处却极为有限。小股东只关心分红，当企业不好时可以很容易地用脚投票——卖掉股份走人。只有大股东与企业密切相关，会作为所有者关心企业，并做出决策。在这个"分红"的寓言中，也缺一个伊万诺夫或萨沙之类的大股东。

说起来家族企业或几个朋友合办的合伙企业都属于私人企业，是私有制。但私有制也并不一定就有效率，关键在于采取什么形式。单人业主制，即由一个人拥有并经营，产权效率最高，但却无法实现规模经济。合伙制既做不大（无限责任）又产权不明晰，也不可能成为主要形式。只有股份制既可无限做大，产权又明晰，因此成为主要形式。在美国这样的国家，GDP中有90%左右是股份制企业生产的。"分红"寓言中的几个合伙人要是能早知道这点道理就好了。

妥协与让步的生存之道

博弈论是在20世纪才产生的,把博弈论运用于分析经济行为更是近几十年的事,不过博弈的思想却可以追溯到很久以前。拉·封丹寓言中有一则《两只母山羊》,其实就是现代经济学中常用的"斗鸡博弈"。

两只母山羊吃饱喝足去散步,分别走到一条河的两边,河上只有一座一只羊能通过的独木桥。两只母山羊分别走上桥的一端,神气十足地朝桥中央走,谁也不肯让一步。因为它们都有荣耀的家族。一只远祖举世无双,是"独眼巨神赠给海女神的礼物吉祥",另一只"祖宗则是神羊,曾是主神朱庇特奶娘"。两只羊都不肯退让，落得个同样下场，双双坠河身亡。作者的感叹是：发迹之路花明柳暗，此类故事司空见惯。

拉·封丹大概没想到，三百多年后经济学家把他这个寓言演变为斗鸡博弈。只要把母山羊换为鸡，就是斗鸡博弈的故事了。不过有一点拉·封丹说得很对，那就是此类故事在今天仍然"司空见惯"。

当两个企业打价格战或广告战、两个超级大国进行军备竞赛时，它们就都成了愚蠢的母山羊或斗鸡。

现代人当然比拉·封丹高明，其高明之处就在于为斗鸡博弈设计了不同的解决方法，使这种博弈尽管得不到最优结果，也有次优结果。

这两只母山羊的博弈可能有四种结果：两者都退让；两者都不退让，结果两败俱伤；一方退让，另一方前进；或者一方前进，另一方退让。在这四种结果中，第二种结果——两者都不退让是最坏的，这就是寓言中两只母山羊的结局。命都没了，争一口气有什么用呢？博弈要避免这种结果。其他结果可以说都是次优的，最终会出现什么结果取决于具体条件。

如果一方优于另一方，比如一只母山羊出身更高贵或者力量更大，或者一个企业比另一个企业实力更强，或一国比另一国更发达，那么，结果只能是弱的一方退让，强的一方前进。强的一方既有面子（没退让），又有成就（过河了）。弱的一方失了面子（退让），没有成就（没过河），但保住了命，总比落水而亡强。因此，这种结果对强者是最优的，对弱者也是次优的。弱的一方在这种博弈中选择退让仍然不失为明智之举。对抗到底，强的一方仍会胜利，弱的一方灭亡，远不如弱者退让。

但在现实中更常见的却是双方实力相当不分伯仲。这时要避免的是双方对抗到底、一同灭亡这一最坏结局。解决这个问题的方法有两种，一种是有外力促使双方让步，另一种是双方通过谈判协商解决。

如果有一种外在的力量使双方都让步，这是代价最小的解决方法。就两只母山羊而言，是天神出现，命令它们退让。就两个企业而言，则是有某种制度制约。当年美国的两家烟草公司英里斯公司和骆驼公司打广告战。一家公司做广告扩大市场份额，另一家也必然做。这两家公司为了维持自己的市场份额，对对方增加广告的反应也是增加自己的广告支出。结果在市场份额不变的情况下，广告支出都不断增加，双方都受害，但没有一家会主动减少广告。当国会通过禁止香烟做广告的法律后，两家广告支出都节省了，但市场份额仍没变。可见在力量相等的双方进行对抗时，是需要一种强大的外力干预的。

如果外力不存在或不够强大，如联合国的力量不足以制止两个超级大国的军备竞赛，双方也会认识到对抗双亡的结果，从而进行谈判。谈判会在以下两种方法中找出一个次优的解决方案：一是一方退让，另一方给以补偿，比如在苏美限制军备的谈判中，美国用给苏联援助的方式来实现苏联首先限制军备，然后美国也限制。两个企业之间也可以一个让步，另一个在其他方面得到好处。二是双方都让步，停止会使双方灭亡的竞争。企业之间的价格战之所以并没有导致两个企业都亏损，或者说从长期来看，任何一次价格战都不会引起零价格，正是双方都让步的结果。现实中，像母山羊那样的结局并不多，因为谁都知道那是最坏的结果，并努力避免。其实往往是双方都有退让之心，无非是如何寻找一个不太丢面子的解决方法而已。

任何一个社会都是一个矛盾体，各个利益集团的利益往往也是矛盾的。在独木桥只能过一只母山羊时，另一只母山羊就会受损失。这是各个利益集团之间的对抗性。但如果各方都坚持对抗性，互不让步，最后也就只能是各个利益集团都同时灭亡。封建社会中地主与农民的对抗引发了农民起义，农民起义对哪一个集团都是灾难（获利的只有极少数起义领袖）。因此，一个社会的生存之道在于各个利益集团之间的妥协与让步。政府或议会的作用正在于协调不同利益集团的利益，最低目标是避免共同灭亡，最高目标是实现共同富裕。推而广之，不同企业、不同国家，也都是这种情况。

拉·封丹"两只母山羊"的结局是同亡，博弈正是要在这种结局出现之前找出各方都可以接受的次优解决方案。在这种情况下，最优是没有的，我们应该满足于次优。

鼠盟式的价格联盟

拉·封丹的寓言《鼠盟》说的是一群怕猫的老鼠在一只自称"既不怕公猫也不怕母猫,既不怕牙咬也不怕爪挠"的鼠爷带领下组成联盟对抗老猫,去救一只小耗子。结果面对老猫,"首鼠两端不敢再大吵大闹,个个望风而逃,躲进洞里把小命保,谁要不知趣,当心老雄猫"。鼠盟就这样瓦解了,协议只是一纸空文。

拉·封丹写的许多寓言在当时都有政治寓意。这个寓言大概是讥讽当时欧洲一些国家的反法同盟是鼠盟。寓言中的老雄猫影射当时的法国国王路易十四,鼠爷应该指英国,小耗子们就是欧洲那些小国了。不过今天的人们读这个寓言时早不这样理解了。我介绍这个寓言是把现实中的价格联盟，例如汽车行业的自律价或民航的禁折令，作为鼠盟的。组织这种联盟的有关部门应该是鼠爷，加入其中的企业应该是小耗子，老雄猫当然就是供求力量。这种比喻当然是蹩脚的，但无非要说明道理而已。

价格联盟为什么不能成功？经济学家运用了博弈论分析方法。假设两个牛奶场共同垄断了某地的牛奶市场，这两家企业称为双头。它们每家平均成本最低的产量为3000磅，这时平均成本为6元。当这两家企业按最大产量生产时，各生产3000磅，市场的牛奶供给为6000磅，价格为6元，没有经济利润。

再假设这两家企业在一个"鼠爷"的策划下结成价格同盟，规定各自只生产2000磅牛奶，这时成本高于最低平均成本，为8元。当牛奶的市场供给为4000磅时，供不应求，价格上升为9元，每个企业可赢利2000元。但签订了价格同盟协议却不一定就能实现。如果有一家违约会出现什么情况呢？假设违约者生产3000磅，守约者生产2000磅，市场供给5000磅，价格为7.5元。违约者每磅牛奶成本6元，在价格为7.5元时获利4000元（1.5×3000）。守约者每磅牛奶成本8元，在价格为7.5元时亏损1000元（-0.5元×2000）。

博弈论正是要分析它们的这个价格勾结能否成功。在这种情况下，一方守约还是违约的结果取决于对方守约还是违约。在双方互不了解的情况下，各自都要选择最有利于自己的策略（即占优战略）。我们先看一家（A）的选择。假设另一家（B）守约，A选择守约，赢利2000元，选择违约赢利4500元。两者相比，B守约时，A选择违约有利。如果B不守约，A选择守约要亏损1000元，如果选择不守约不亏损也不赚钱。两者相比，B不守约时，A选择违约有利。B的推理过程与此一样，结果也选择了违约。两家都选择违约，价格联盟就破产了。本来勾结起来对双方都有利，结果双方却无法合作，这正是博弈论所得出的结论。

其实加入鼠盟的各个小耗子们也是这样做出决策的。一个耗子会想：如果其他耗子都不跑，它有两种选择：它不跑，有可能被猫吃掉，它跑，肯定能活命。结论是其他耗子不跑时，它先跑是有利的。如果其他耗子都跑，它不跑，肯定被吃掉，它跑，还有可能活下来。结论是其他耗子都跑时，它更应该先跑。每个耗子都这样做出选择，结果本来团结起来也许能把猫打败，最后却全逃走，一个个被猫吃掉了。

价格同盟，无论是采取行业自律价的形式，还是禁折令的形式，最后也都和这个鼠盟一样。当鼠爷确定了行业自律价时，每个企业都会想，别人都遵守自律价或禁折令不降价时，我降价，会占领更大市场，我不降价，市场份额仍不变，两者相比还是降价有利。别人都不遵守自律价或禁折令而降价时，我降价，市场份额仍可保持，我不降价市场就被别人占了，两者相比还是降价有利。每家企业都按同样的推理做出选择降价的决策，自律价或禁折令就成一纸空文了。在汽车行业实行自律价和民航实行禁折令之后，每家企业如何做出选择我不敢妄自推测，但结果与这种分析却完全一致，鼠盟式的价格同盟破产了。以后取消自律价和民航放松价格管制就证明了这一点。

使鼠盟难以形成的原因是雄猫的存在，它强大无比。使价格同盟难以实现的原因是市场供求力量，它也强大无比，不可抗拒。在市场经济中，决定价格的最基本因素是供求关系。供小于求，价格上升，供大于求，价格下降，这是什么力量也抗拒不了的。在不完全竞争的市场（垄断竞争、寡头、垄断）上，企业只能通过控制供给来影响价格，而不能把自己硬性决定的价格强加给市场，在汽车、民航这类寡头市场上，每个企业所考虑的不可能是整个行业的长期利益，而只能是自己的短期利益。当整个行业供大于求时，希望每个企业减少产量维持一定的价格是不现实的。博弈论的分析正是要证明这一点。

知道了这个道理，鼠爷们完全不必去组织什么价格联盟，不如教小耗子们如何提高自己的生存能力。

产业链上的合作双赢

企业之间有竞争也有合作，有时只有合作才能达到双赢。互相帮助是双方制胜的法宝，互相拆台则难免都受其害。这点道理古人早懂，拉·封丹的寓言《马和驴》讲的就是这个道理。

一只驴陪伴一匹马走路，马的负担很轻，驴则不堪重负。驴请马帮助，马就是不松口。眼看驴死于半路，马才后悔，因为"既然驴子已亡故，老板便让马拉驴车货物，加上驴皮盖住"。作者说："世上本该互相帮忙，如果邻居倒地死亡，担子顿时压在你身上。"

像马和驴的这种关系，企业之间并不罕见。一种是一个行业的上下游企业之间，例如，钢铁行业的采矿、设备、炼钢和轧钢企业之间，或者汽车行业的零部件与组装厂之间。在这些行业中上游企业是下游企业的供给商，下游企业是上游企业的购买者，它们处于同一产业链上的不同环节，真正是一荣俱荣，一损俱损。但当不同的上下游企业各自是独立企业时，它们各自有自己的利益，就难免会为了暂时的利益而放弃合作。通常的情况是，当上游企业的原料或零部件短缺时，这些企业趁机加价，让下游企业不堪重负，或者是上游企业的原料或零部件过剩时，下游企业趁机压价，让上游企业无法生存。结果如何呢？也像马与驴不合作的结果一样。无论哪一个企业倒闭了，处于同一产业链上的其他企业也都不会好过。

寓言中通常是用道德说教来劝人们合作的，但在现实中，对于有各自利益的企业而言，仅仅靠道德说教是远远不够的。实现同一产业链上不同企业之间的合作还要靠制度。这种制度之一就是这些企业之间的合约。双方就供货与采购的价格、质量、数量、日期达成一致协议。各自按协议行事可以保证双方稳定的合作关系。这种协议对双方都有法律的约束力，违约者要受到惩罚。这时合作就比驴请求马帮它一把要有效多了。企业之间的合约是实现企业之间有效合作的一种制度安排，它降低了双方合作中的风险，也减少了双方的交易成本。

但仅仅是一纸合约还不能解决这类企业合作中的所有问题。且不说双方存在违约的可能，更重要的是合约并不能解决所有可能遇到的问题。例如，下游企业的生产能力提高了，希望上游企业也能扩大生产能力。但企业是否扩大是企业自己的事，合约没法做出规定。如果上游企业为了提高价格拒绝下游企业要自己扩大生产的要求，下游企业也是无可奈何的。这正如马不帮驴子，驴子无可奈何一样。在这种情况下，另一种解决方法就是下游企业实行纵向合并，把上游企业兼并过来。纵向合并使同一产业链上的企业合并为一个企业，进行统一管理，这时就不存在不同企业之间的合作问题了。

现实中存在合作关系的并不仅仅是同一产业链上的不同企业。另一种情况是生产互补品的企业，例如生产 EVD 影碟机和 EVD 光盘的企业，或者制造汽车的企业和石油企业。由于这些产品的作用互相补充，这些企业之间也是共荣共存的。今年初 EVD 影碟机销路不好，其重要原因就是 EVD 光盘的生产严重滞后。同样，汽油价格不断上升也会影响汽车销售。这些企业都是独立的，它们之间的合作不是通过合约来实现，通常也难以合并为一个企业——世界上现在还没有把汽车制造与石油生产结合在一起的公司。这时的合作应该是一种默契式的配合。例如，EVD 影碟机的开发为 EVD 光盘提供了一个广阔的市场，这时原来生产 DVD 光盘的企业就应该投资开发并生产 EVD 光盘。若能抓住这个机会，就既配合了 EVD 影碟机，又开拓了自己的新商机。同样，汽油价格上升时，汽车厂应该努力开发节油型汽车，并减少耗油型汽车的生产。不这样合作，吃亏的还是自己。20 世纪 70 年代石油价格上升时，通用汽车公司没有及时开发出节油型汽车，结果让日本的节油型汽车乘虚而入，吃了大亏。

即使是同一行业企业或替代品行业之间，也是既有竞争又有合作的。生产同样产品或替代品的企业要争夺既定的市场份额，竞争当然是不可避免的。但它们之间也并非不可以合作，也许它们之间的这种合作只是暂时的，但即便是暂时的合作也会使双方受益。例如，同一行业的企业合作起来开发一种新产品或实现某种重大的技术突破，如果由一家企业独自开发，力量不足，会贻误时机，这时合作起来就可以使各方受益。日本的索尼、松下、日立等家电企业就有过这样合作的历史。同时，也可以由同一行业的企业合作起来达到某个目的，例如，家电企业合作起来开辟海外市场，或者合作起来对付国外的反倾销。温州打火机企业合作起来在对欧盟的反倾销中获胜就是一个成功的例子。

经济中的各个企业是共存共荣的，竞争也并不一定就是你死我活，而是促进整体效率的提高。从这种意义上来说，竞争也是合作的一种形式。记住马不帮助驴，马也没有好下场，这对我们处理企业之间的关系十分有意义。

互助才有互利

我在小学时读过的《狐狸与仙鹤》是拉·封丹寓言之一。故事并不复杂,一只狐狸请仙鹤吃饭,狐狸把汤盛在碟子里,仙鹤的喙吃不到,狐狸的舌头把汤全舔个精光。仙鹤回请狐狸,把美味的饭菜装在长颈窄口瓶里,狐狸吃不到,只好空着肚子回去。作者在结尾说:"骗子,我为你写这篇诗章,你也逃不了同样的下场。"从另一个角度来看,也可以说,互助才有互利。其实这也就是我们所说的,人人为我,我为人人。

市场经济承认人的利己之心,承认人一切行为的目标都是为了个人利益最大化。但如果把这个真理向前再推一步，"拔一毛而利天下，不为也"，或者"人不为己，天诛地灭"，那就成谬误了。承认利己的合理性与"自私自利"，甚至"损人利己"不是程度的差别，而是本质的差别。

从利己的目的出发从事经济活动与为社会福利添砖加瓦是同一枚硬币的两面。当个人或企业为个人收入最大化劳动或为企业利润最大化生产时，整个社会的财富都增加了。当一国为国家繁荣而实现经济增长时，其他国家也会通过国际贸易或资本流动而获益。但自私自利则会让人以邻为壑，损人利己，其结果正像寓言中讲的那样，仙鹤在狐狸家喝不到汤，狐狸从仙鹤家空着肚子回去，双双受害。

市场经济的道德应该是利己又利他。从根本上说，利己与利他并不存在不可逾越的鸿沟。把这两者对立起来，认为利己与利他势不两立，其实是一种形而上学的思维方式。损人利己最终还是损害自己，而为别人考虑则往往也会给自己带来好处。如果狐狸让仙鹤吃个够，仙鹤作为回报也让狐狸吃个够，岂不两全其美吗？

但在现实中不明白这点道理，而像寓言中狐狸和仙鹤那样行事者却并不少。

一些人为了个人致富不惜使用造假等手段。从一时来看，造假成本低，可以赚黑心钱，但"瓦罐不离井上破"，最终还是会被揭露出来，到那时则要被罚款，甚至坐牢。这不是以害人开始，以害己结束吗？千万要记住一句话，你可以一时骗所有人，也可以永远骗少数人，但绝不可能永远骗所有人。为消费者提供好产品才是致富的唯一人间正道。

在市场经济中，企业之间存在激烈竞争，但竞争也并不是绝对的。企业之间实际是既有竞争又有合作的关系。经济中各种产品之间存在相关性。一个产业的上游企业与下游企业，不同行业生产互补品的企业，都是一种紧密合作、一荣共荣的合作关系。前一段市场上推出的新一代高清晰 EVD 机，就是因为与之互补的企业没有推出 EVD 碟，而在市场上无销路。如果 EVD 厂帮助 EVD 碟厂，岂不利他又利己了吗？一种产品的出现或畅销会带动其他产品，这就是相互合作的互利性。

其实就是同一行业企业，或生产替代品的企业之间，也有合作性。在竞争过程中不把对手斩尽杀绝，也许会有利于自己。记得《大染房》这部小说中在青岛开纺织厂的陈寿亭老板与上海的另一家纺织厂曾有过激烈竞争，但陈寿亭并没有把事做绝，而是给对手留下了生存与发展机会。以后在共同对付日本人的纺织厂竞争中，这种合作使双方都受益匪浅。企业之间的价格战并不以自己独占市场为目的。当自己企业的扩大实现了规模经济时，并不一定要把对手全消灭。那样做代价太大，自己也会大伤元气。这就是中国古代哲人所讲的"得饶人处且饶人"。

国家之间也不应该是狐狸和仙鹤的关系。各国都有自己的民族利益，维护这种民族利益义不容辞。但是，是否只有损害其他国家的利益才能维护本国利益呢？不一定。世界贸易并不是一方获益、一方受损的零和博弈，而是可以实现双赢的正和博弈。重商主义者的保护贸易政策其实是损人利己的，但结果又给自己带来多大的好处呢？发达国家并不是靠保护贸易发展起来的。古典经济学家的自由贸易是讲互利的。这才是各国共同富裕的人间正道。

道理是这样讲，各国的贸易战却仍然不断。然而贸易战和狐狸与仙鹤的"食具"战一样，只会损人又损己。20世纪30年代大危机期间，各国纷纷提高关税，有的国家平均关税达50%以上。现代经济学家指出，这是30年代大危机时间长的重要原因之一。回顾战后的贸易战，有哪一次最终不是双输的？你开放市场让别国进来，别国才能让你进去。正如狐狸让仙鹤吃，仙鹤才能让狐狸吃一样。

在所有的寓言中，狐狸都象征狡猾，坏的也总是狐狸。拉·封丹的这则寓言中也把狐狸指责为骗子，仙鹤的报复行为是正义的。我读这则寓言时经常想，如果仙鹤以德报怨，让狐狸好好吃，狐狸能否也让仙鹤好好吃呢？相互报复，双方受损，有一方让步也许就会改变结局。这就是国际贸易中的单边开放。世界上的事情就是这样，你敬我一尺，我敬你一丈，你不敬我，我仍敬你，从利他出发，同样能实现利己，何乐而不为呢？

竞争中制胜之道

高尔基的名篇《海燕之歌》是首寓言诗，当年我不仅背过这首诗的中文本，还背过俄文本。年轻时喜欢这首诗是因为高尔基对革命者的赞扬，它所表现出来的奋斗精神，以及语言之美。如今革命的年代过去了，但海燕那种精神并没有过时。如果把海燕、潜鸟、企鹅比作企业，暴风雨比作市场竞争，《海燕之歌》就有了全新的意义。

市场经济的本质特征是竞争。没有竞争就没有效率，没有资源配置的最优化，从而也就不能称其为市场经济，正如大海上没有暴风雨就不是大海一样。但也许是我们实行市场经济的时间还不长吧，许多企业都不喜欢竞争。它们或者像潜鸟一样，在悲鸣，"隆隆的雷声吓破了它们的胆"，或者像蠢笨的企鹅一样生性怯懦，"把肥肥的身体躲进悬崖的缝隙"。它们害怕价格战，也不愿进行创新，只想在平静的市场享受利润。而海燕这样的企业则在竞争的暴风雨中迅速成长起来。

为什么海上会有暴风雨？这是不以鸟的意志为转移的自然规律。为什么市场上有竞争？这是不以企业的意志为转移的市场经济规律。市场竞争有价格竞争与非价格竞争（又称产品差别竞争）。正如海上的暴风雨淘汰了那些没有生存能力的鸟儿一样，市场竞争也淘汰了那些没有生存能力的企业。这就是自然界的优胜劣汰，其结果是有利于整个社会的。

先来看价格竞争。市场上价格竞争的风暴甚至要大于海上的暴风雨。一阵紧似一阵的降价风潮在市场上吹过，它对企业的压力也不小于暴风雨对鸟儿的压力。这种压力逼迫企业提高管理效率，更有效地利用资源，降低成本。这正是整个社会生产率提高的过程。在暴风雨般的价格竞争中，效率低下的企业被淘汰了，行业实现了优化组合，回想汽车开始进入家庭时，汽车业成为一个暴利行业，许多企业进入，美国大大小小的汽车厂有一百多家。正如海洋承受不了过多的鸟儿一样，汽车行业也不能容纳这么多企业。于是价格战的暴风雨开始了，价格从最初的4700美元一直降至360美元。在这种激烈的价格战中,许多企业都垮台了,最后只剩下福特、通用、克莱斯勒三家。这三家企业实现了规模经济,大大提高了汽车生产的效率,这才有了今天美国强大的汽车业。没有暴风雨,那些生存能力弱的鸟儿仍会生存下去,食物有限,那些生存能力强的鸟儿也得不到发展。市场与此一样,不把效率低的企业淘汰出去,效率高的企业就无法发展,毕竟市场也是有限的。

再来看非价格竞争。这种竞争也称为产品差别竞争,或企业的差异化战略,即企业不断推出自己有特色的产品,从其他企业那里争夺消费者。生产有特色产品的企业可以形成对一部分消费者的垄断地位,获取高利润。但产品特色并不是不变的,你可以创造这种产品特色,我可以创造另一种产品特色,这就形成激烈的竞争。但只要有特色,你就可以生存并发展下去。产品差别竞争也像暴风雨一样,一浪高过一浪。一旦哪个企业停止了创新,它的末日也就来了。但只要有一种不怕竞争的精神,总可以成功。这也正如海上的鸟儿要适应暴风雨,寻找一种适当的生存方式一样。创新使市场产品日新月异,满足了消费者的不同偏好。暴风雨使海上的鸟儿品种繁多,实现了生物的多样性。

暴风雨对大鸟小鸟都是平等的,竞争对大小企业也是平等的。无论什么鸟,只要能在暴风雨中找到适合自己的生存方式,就能活下来;无论什么企业,只要找到自己正确的竞争方式,就能生存并发展。记得1978年美国放开民航业之后，有288家大大小小的民航公司。它们拼价格、拼安全性、拼服务。竞争的结果是，泛美、环球这类大的公司垮了，而达美、西南航空这样小的公司则都生存了下来。市场和暴风雨一样是无情的，适者生存。

市场竞争和海上的暴风雨一样都是无法改变的，关键在于你怎样去应对。潜鸟适应不了暴风雨，只好钻到水下，企鹅适应不了暴风雨，只好迁到南极，只有敢于面对暴风雨的海燕生存下来，成为英雄的象征。企业也要像海燕那样面对暴风雨有"愤怒的力量、热情的火焰以及胜利的信心"，"鸣叫，飞翔，翅膀掠过波峰浪尖，像黑色闪电，像穿透乌云的利箭"。只要具有海燕的这种精神，在竞争中就一定能取胜。当然，作为企业，不仅要像海燕这样勇敢，还要有正确的竞争策略。但精神是首要的，有了顽强的精神就能找到在竞争中制胜之道。

高尔基的《海燕之歌》中是把暴风雨作为反动势力，把海燕作为与之奋斗的革命者的。这首寓言诗写于十月革命之前，其寓意显而易见，我觉得如果把暴风雨比喻为不可抗拒的市场竞争，把海燕比喻为在竞争中成长的企业，将会更具现实意义。

高尔基的结尾是"让暴风雨来得更猛烈些吧"，我想这章文章的结尾也就应该是"让市场竞争的暴风雨来得更猛烈些吧"！

投入不是越多越好

读寓言时我经常感叹,古人并没有学过现代经济学,但他们的许多思想却与现代经济理论不谋而合。你看,列夫·托尔斯泰有这样一个寓言:一只母鸡每天都有一个鸡蛋。女主人想,如果给母鸡多喂些吃的,它下的蛋肯定会增加一倍。于是她就这样做了。可是母鸡长得肥胖起来,根本不下蛋了。

读过经济学的人都知道,这就是边际产量递减原理的寓言版。

在经济学中,边际产量递减原理是一个基本原理。我们先解释一下边际产量。边际产量是指投入的某种生产要素增加1单位所引起的产量增加量。例如，投入的生产要素为劳动。劳动从 1 小时增加到 2 小时，产量从 5 增加到 10，这时边际产量就是 5。在生产中所使用的技术没有重大变化，而且，其他生产要素不变的情况下，一种生产要素增加首先引起边际产量递增，然后边际产量递减，最后边际产量成为负数。例如，在农业中，当使用的工具和耕作方法没有发生重大变化，土地、人力、种子等生产要素都不变，只增加肥料，如果你把这同样的土地分为相同的若干块，每块土地用的肥料递增，所获得的产量一定是随着肥料增加，先是边际产量递增，然后边际产量递减，最后肥料太多把庄稼都烧死了，连种子也收不回来，边际产量成了负的。这个例子就是农业经济学家杨格为证明这个原理而做的"杨格堆肥试验"。

改革开放之前，边际产量递减原理受到严厉批判，因为这个原理显然与"人有多大胆，地有多高产"的豪迈口号相抵触。但边际产量递减原理是一个客观经济规律，你可以批判它，否认它，但它仍在起作用。批判的结果只能是违背客观规律行事而受到规律的无情惩罚。1958 年的"大跃进"中，在"人有多大胆，地有多高产"的指引下，不顾客观条件实行密植或深翻，结果不仅没有增产，反而减产了。用边际产量递减原理来说，密植是在其他条件不变的情况下增加一种生产要素种子，深翻则是在其他条件不变的情况下增加劳动，这一种生产要素增加多了，产量岂有不减少之理。这与寓言中讲的给母鸡增加饲料反而不下蛋一样。

当然，边际产量递减原理也不是绝对真理。世界上没有放之四海而皆准的真理。任何真理都是相对的、有条件的。离开了一定的条件，真理也许就会变为谬误。边际产量递减原理也是如此。边际产量的前提是生产中所用的技术没有重大变动，其他生产要素不变，只有一种生产要素变动。这种假设条件在短期内是现实存在的。当然，对于不同的行业而言，这个短期可能是几个月、几年、几十年，甚至上百年。在农业中，在耕作技术没变、土地等生产要素不变的时期内，都可以称为短期。在工业中，生产技术没变，企业规模没变的时期称为短期。农业中的短期可达数百年，甚至更多，工业中的短期则要短得多，也许只有几年，但无论短期的时间有多长，这个原理在短期中的确是成立的。

但是，真理跨过一步就是谬误。在长期中，生产技术会发生重大变动，其他生产要素也会发生增减，因此，边际产量递减原理并不适用。当年英国经济学家马尔萨斯根据这一原理预测了人类未来悲观的前景，正是把这个短期中适用的原理扩大到长期了。在长期内，生产技术的进步还会使边际产量递增。例如，在农业中机械的运用、种子改良，以及科学耕作方法的应用，使亩产不断递增。所以，不仅没有出现马尔萨斯预言的人口危机，人民的生活水平还提高了。

我们认为不能把边际产量递减原理长期化，决不意味着否认它在短期中的重要意义。过去我们对这个原理的批判也是偷换了前提，批判它的长期并不适用性，也否认了它的短期适用性。其实这个原理在现实生活中早就得到了广泛的应用。例如，在一个企业的生产规模和技术不变时，要决定适当的劳动投入量。投入劳动少了，设备得不到充分利用，边际产量没有得到递增，这就是效率低下。但劳动投入太多，边际产量递减，甚至成为负数，也是效率低下。过去许多国有企业人员过多（劳动这种投入过多），结果效率低下（边际产量递减或为负数）。减人增效正是要解决这一问题。这正如，给母鸡吃少了，它下蛋少，吃得太多又不下蛋，必须找到一个合适的饲料量。过去国企这只"母鸡"还是吃多了。

边际产量递减原理不仅适用于经济领域，还适用于其他领域。英国社会学家帕金森观察到，政府机构越庞大，人员越多，行政效率越低下，由此引发了各种官场病。人们把这种情况称为"帕金森定理"。这个定理实际上就是边际产量递减原理在行政领域中的应用。经济学原理其实就是人类社会的共同原理。

伟大人物之所以伟大就是他们的许多思想花火实际是许多人一辈子都想不出的真理。读了托尔斯泰这篇不足一百字的寓言，你服了吧？

占小便宜吃大亏

愿意吃小亏才能占大便宜，换个说法就是，占小便宜就要吃大亏。其实古人早就懂这个道理，公元1世纪的《五卷书》中就有一篇《豺狼舔血》，说明了这个道理。

话说从前，羊群中有两只公羊不知为什么打起来了，它们双方都用犄角拼命顶撞，地上流了不少血。一只豺狼走过来，高兴地想，这下可以吃羊肉了。它跑到两只羊中间，见地上有血，就想，先舔点血再吃肉。这时，两只羊再撞到一起，这只豺狼只顾舔血，没来得及躲开，被羊顶死了。作者的评论是：为了眼前的一点利益，却拿生命作为代价，这样的人还少吗？

别看过了三千多年了，像这样因小失大的人真还不少。南京的冠生园，借上海冠生园的光，好歹也是一个知名企业，但为了节约成本，居然用前一年未卖出的月饼中的馅来做当年的新月饼，结果为舔这点血，送命了——破产了。金华火腿大名鼎鼎，但却用对人体有害的化学药品加工；山西老陈醋历史悠久，但却为降低成本添加工业醋精；北京六必居中外闻名，但却图便宜从天津乡间肮脏的小作坊进货；湖北荆州用毛发水加工酱油；河南西华县用香精勾兑葡萄酒；山东昌邑给白条鸡注水增肥；河南安阳用致癌作料造腐竹；山东枣庄用墨汁染黑木耳；等等。看来只图舔血的豺狼真是遍地了，怪不得政协委员高呼要打一场保"胃"战。当然，这些舔血者最后的下场不会比那只三千年前的豺狼好。但为什么舔血者还在前仆后继呢？

我想，首先是对假冒伪劣打击仍然不够，让这些人有血可舔，有便宜可占，而且血还不少呢！我曾主张要罚得造假者倾家荡产，被正人君子们指责为"不宽容"，其实对这些造假者的宽容就是对人民犯罪。现在，不仅要让他们倾家荡产，还要让他们接受法律审判。

当然，制止这些造假者的舔血行为，仅有惩罚还不够，因为总是"道高一尺，魔高一丈"。这些造假者，聪明得很。他们想出的法子，我等正常人绝想不出。还要让企业认识到，在产品质量上下点功夫，看来是吃了点小亏（没舔着血），但产品有信誉，受消费者欢迎，便宜还是大大的（两只羊都可以吃到）。在市场经济中，企业应该追求长期的利润最大化，不能为了短期中一点血而断送了"卿卿性命"。小亏与大便宜是一致的，不付出点小亏的成本就得不到大便宜的收益。或者说，图一点小便宜，终将会吃大亏。

这让我想起了许多成功的企业。同仁堂是百年老店，当年药师曾用白参代替红参作丹参丸，这还不算伪劣，因为白参与红参效用接近。但白参便宜，药效差一点，红参贵，药效当然好一点。老板知道此事，坚决把用白参做的丹参全部烧毁。这点亏吃得可不小，但使同仁堂的名声响遍天下，以后便宜可占多了。与同仁堂同时建立的药店用白参代替红参，结果全垮台了，就像那只豺狼一样，为点血送了命。

再看现在，当年海尔对略微达不到标准的冰箱全部毁掉。那时也有人为这点血可惜，建议把这些冰箱降价出售或处理给职工，损失小一点。张瑞敏坚决不占这点小便宜。结果其他冰箱厂垮了，只有海尔不仅在国内独领风骚，还走向世界。这便宜可占大了。

我们说"吃小亏占大便宜"不是一种简单的成本——收益计算，或者说吃亏的目的并不是为了占便宜。如果只是为了占大便宜而吃亏，那么，没便宜可占就不吃亏了。那些打一枪换个地方的造假个体户正是这样的。作为一个企业，心中应该有社会和人民，不能以损害消费者的利益为代价来赚钱。利润最大化是在法律允许的范围之内，并不是不择手段。合法经营、不造假是企业必须遵守的法律底线，违法的事，即使吃了亏占不到便宜，也要吃。用我们这个寓言来说，就是即使吃不到羊，也不能去舔血。但从整个社会和长期来看，只有那些为保证质量而吃小亏的企业，才能把产品做成名牌产品，才能有更多利润，并实现基业长青。为保证质量付出的代价称为"小亏"，做成名牌企业就是"大便宜"了。这就是人们常说的吃亏是福。但只有从不为占大便宜的目的出发去吃小亏，大便宜才会自然而然地来到。

那么，那些只想舔血不想吃羊的豺狼，或者只想现在占小便宜、不想将来有大便宜的企业就能真的不吃亏吗？占点小便宜就走的人，例如，那些把木耳染黑或者给鸡注水的个体户，就能时时得逞吗？我劝他们还是别存这种撞大运的心理。市场经济是法治经济，尽管我们现在的立法和执法还不完善，但靠违法发财还像靠买彩票中大奖发财一样不现实。守法是做人的根本，也是任何一个企业或个体户的生命线。古今中外靠占小便宜成功者有几人？那些造假的个体户被罚没时，岂不连过去占的小便宜也搭进去了吗？也许还有吃几天免费饭（牢饭）的"便宜"作为"添头"。

豺狼为舔点血，送了性命，企业可不要为点小便宜而造成终身遗憾啊！《百喻经》是佛家经典，佛家是教人为善的。无论未来有没有"大便宜"，为善而吃小亏都是做人的本分，不求回报，只求对得起良心。善哉，善哉！

菜好不光在盐

我把广告比作盐是受了《百喻经》中一则寓言的启发。《百喻经》是由古印度佛教法师僧加斯那编的佛理故事集,早在南期齐朝时就由来华僧人求那毗地译为中文。这本书用近百则寓言故事阐述佛教教义,有许多人生哲理,今天仍有启发意义。

启发我的这则《百喻经》中的寓言题为"愚人吃盐"。说的是,有一个愚人到别人家去做客,他嫌菜没有味道,主人就给他加了点盐。菜里加盐以后,味道好极了。愚人就想:菜之所以鲜美,是因为有了盐。加一点点盐就如此鲜美,如果加更多的盐,岂不更加好吃?回家之后,他把一把盐放进嘴里,结果又苦又咸。我把广告比之为盐,这则寓言就是,某企业产品销售不好,别人让他做广告。他做广告后,销路打开。于是他就想,做一点广告效果如此之好,做更多广告岂不更好?于是就争得了中央台的广告标王,结果企业却垮台了。

广告对产品销售的作用正如盐对菜味道的作用一样。"广告"一词来自拉丁语,意思是"大喊大叫"。我觉得这个本意挺确切的。在现代经济中,"不喊不叫"没人知道,酒好也怕巷子深。但喊多了,岂不也会让人烦吗?何况把资源都用于"大喊大叫",不干实事,产品没特色或者质量差,谁会去买呢?经济学中用需求的广告支出弹性来说明广告支出对增加销售的作用。这个弹性是用需求量(即销售量)变动的百分比除以广告支出变动百分比计算出来的。例如,假设某种产品广告支出增加了10%,需求量增加了15%,需求的广告支出弹性就是1.5。在正常情况下,广告支出增加,需求量增加,需求的广告支出弹性是正的,这就是广告的有效作用(加盐菜的味道好)。但如果广告支出增加太多,引起消费者反感,需求量反而减少,需求的广告支出弹性为负,这就是广告的副作用(加盐太多菜没法吃了)。

盐使菜味道好的基础还是菜本身,如果用烂白菜叶子或臭鱼烂虾去做菜,盐加得再适当也没用。同样,广告起作用的基础还是产品的特色与质量。产品本身不行,广告做得再多再好也没用。当年秦池夺得中央台广告标王时风光得很，称"开进中央台一台桑塔纳，换回一台奥迪"。但秦池酒都用各地收购的散装酒（有些甚至是假酒）来勾兑，酒本身的质量不行，广告也救不了命。开进去一辆桑塔纳，什么也没出来。秦池倒下去了，又有多少企业在步秦池的后尘？

许多企业的误区正在于混淆了广告与产品的关系。菜的好坏关键在菜本身，产品销售好坏关键也在产品。名牌企业之所以成为名牌，主要靠的不是广告，而是产品。只有做出有特色的好产品，广告才起作用。没有好菜往哪儿加盐呢？谁都知道耐克是名牌，但这个名牌首先是做出来的，而不是靠广告吹出来的。耐克鞋的创始人经过多次试验，做成了鞋底的空气垫，使鞋轻便而弹跳力强，穿起来舒服。这就成为它有别于其他鞋的特色。同时，耐克坚持高质量，无论市场多好也不以次充好。在这种高质量产品的基础之上，耐克请受年轻人欢迎的篮球明星迈克尔·乔丹作为形象代表，大做广告，这才成就了今日"地球人都知道"的耐克鞋。产品的特色与质量是企业的生命，也是产品销售成功的基础。广告是锦上添花。

当然，菜再好也离不了盐，产品再好也要广告宣传。广告对产品销售的成功有着重要作用。我们经常说企业的差异化战略，其实就是说，企业要创造出有自己特色的产品。有些产品特色容易辨认，例如，外形、包装上的变化。但有些产品的特色就并非一目了然，比如，内在的质量差别。而且，一种产品是否有差别还取决于消费者的认知程度。简单来说，只要消费者认为某种产品有特色，它就有特色，而无论它与其他产品实际上有多少差别。广告正是要把细微的产品差别告诉消费者，或者让消费者感觉到，实际上并没有多大差别的产品有差别。

在现代社会里，名牌本身就是无形资产。名牌产品既是质量的保证，也是消费者某种身份的象征。创名牌固然靠产品好，但也离不了广告。没有巨大的广告投入和成功的广告设计，再好的产品也难以成为名牌。需求的广告支出弹性在正常情况下为正数，正是因为广告的这些积极作用。这也正是现代社会中广告支出日益增加的原因。如果运用适当，广告支出引起的需求量增加的百分比大于广告支出增加的百分比，就称为广告支出富有弹性，这才是成功的广告。

把广告比之为盐，就要掌握一个度。俗话说，好厨子一把盐，坏厨子也是一把盐。看来做菜的秘诀之一就在于盐放多少，如何放。所以，菜谱上总讲放盐"适量"。对企业来说，广告就是这把盐，多了不行，少了也不行。厨师放盐靠的是经验，不同的行业和企业做多少广告和如何做广告，固然有些理论指导，但关键也还是经验。

读过《百喻经》中的这个寓言都会觉得这个愚人可笑，但这样可笑的企业又有多少？多想想这个寓言，就知道如何运用广告了。

从一个鸡蛋到百万富翁

《一个鸡蛋的家当》是家喻户晓的寓言,说的是一个只有一个鸡蛋的人,幻想如何通过蛋生鸡、鸡生蛋迅速成为百万富翁,结果不小心把鸡蛋踩碎,仍然是一个穷光蛋。寓言是讽刺那些不切实际的空想家的,但绝不是说,只有一个鸡蛋,就永远成不了百万富翁。

其实,任何一个百万富翁,除了极少数继承遗产者以外,都是从一个鸡蛋,甚至没有鸡蛋起步的,关键是如何去"做"。做得好的,从一个鸡蛋起步,成了百万富翁。做得不好的,就像寓言中的那个人那样,鸡飞蛋打。对于前一种人,没有鸡蛋也可以成功；对于后一种人，有再多鸡蛋也要失败。

如何去"做"包括了两个问题，一是确定什么目标，二是如何去实现目标。经济学是一门选择的科学，人们之所以不得不作选择就因为资源是有限的。资源限制是人们做出选择时不得不面对的无法逾越的限制条件。所以，经济学中所说的最大化目标一定是一组约束条件下的最大化。我们在确定目标时必须考虑限制条件，即要确定一个在这种现实限制条件下可以实现的目标。只有一个鸡蛋时，把目标确定为百万富翁就不现实了；如果确定为让这个蛋变为一只母鸡，每月下多少个蛋，过上维持温饱的日子，就较为现实了。在有了若干只鸡后，再把目标确定为小康，以后随着鸡的增加（即限制条件的改变）不断调整目标，就有希望成为百万富翁了。

读过这个寓言的人都觉得这个只有一个鸡蛋的人太蠢，但现实中又有多少这样的人啊！一些经济学家总在预言，中国将在什么时候赶上或超过美国，中国经济学将在什么时候获得诺贝尔奖，人民币要成为亚元的中心，等等。这些话听来总像寓言中那个人的梦，不过经济学家讲讲这种大话也没什么，无非是讨得当权者的欢心，得一点或虚或实的利益。毕竟他们不当权，当权者也并不糊涂。但如果是一个有决策权的企业家有这种情结，并付诸实践，那就真的要把仅有的一个鸡蛋也踩碎了。

许多企业正是在不切实际的宏伟理想指导下，从成功走向失败的。记得当年河南"红高粱"以一碗烩面从河南打到北京，这个鸡蛋并不小，完全可以成为像"小肥羊"这样的餐饮连锁业。可惜老板把这才出壳的鸡当成了不起的鸡群，要叫板麦当劳，欲当世界餐饮大王。结果鸡飞蛋打，老板也入了牢。这事并不孤立。当年健力宝也曾辉煌一时，但又在辉煌中迷失了目标，要叫板可口可乐，其结局也是不言而喻的。有多少企业在这条路上前赴后继，成为中国商界一道"亮丽"的风景线。不顾资源限制条件确立宏伟的目标，是这些企业的通病。这个通病不仅企业有，个人也有。每个人都有自己的目标，童年时不知自己的能力，讲讲当科学家、政治家、企业家的理想，不算过错，也许还有激励作用。但进入社会后还抱这种不切实际的理想，十个有十个要失败。想一夜暴富，给骗子、传销商以可乘之机，或者走上犯罪之路。大学生把月薪上万、公司高管作为就业目标，结局当然只有失业。人要根据自己的能力（资源限制条件）确定目标，随着能力的提高而调整目标。在只有一个鸡蛋时就把百万富翁作为目标，必定成为悲剧人生。

即使目标确定合理，还有一个如何实现的问题。经济学是务实的，强调有付出才有收益。企业家有了目标还要一步一步去做，建立合理的公司治理结构，提高产品与劳务质量，开拓市场，等等，都要付出艰辛的汗水。个人有了目标，也要勤奋才能实现。想不劳而获是人性的弱点，只有克服这种弱点才可能有成功。有一个鸡蛋家当的人，如果多想想如何把这个蛋变为鸡，精心于蛋变鸡、鸡生蛋的过程，成为百万富翁就有希望了。但他只沉醉于幻想，手舞足蹈，就连那个仅有的鸡蛋也保不住了。人们经常嘲笑这个人，殊不知自己正是这个人。

激励制度的灾难

　　《晏子春秋》中的"二桃杀三士"原本并不是激励机制，而是杀人的阴谋。故事讲的是齐景公身边有公孙接、田开疆、古冶子三位勇士。三人都立过大功，但都恃功而傲，不可一世。齐相晏子劝景公除去三人，但他们武功超人，无法以力取胜。于是，晏子让景公给三人送去两个桃子，让他们论功大小分桃子。三人互不相让，最后弃桃自杀。晏子不愧为玩阴谋的老手。

　　现代经济学讲的激励机制不是要害人的，而是要鼓励人的。但许多激励机制由于设计不合理，以至于在客观上起了"二桃杀三士"的作用，不仅没有提高效率，反而降低了效率。

记得曾经许多广东民营企业老板都把发红包作为一种激励机制。年终时（或春节前）由老板亲自给每个员工发红包，每个人红包的大小由老板决定，而且，要求每个人保密，相互不知道红包有多大。这种激励机制的目的是让每个员工都感谢自己，好好干活儿。但结果却事与愿违。每个人都觉得自己的贡献大而红包小，对老板不满，或者不好好干活儿，或者离去。这样发红包就起到了"二桃杀三士"的作用。

激励机制是一种分配制度。要使这种制度起到激励作用，就要体现出公开性与公平性。所谓公开性就是员工都知道做出什么贡献应该得到什么报酬。如何激励应该是明文规定的，而不是老板一人的暗箱操作。所谓公平性就是做出同样贡献的员工应该得到同样的报酬，不能以老板本人的好恶为转移，不能存在歧视。如果违背了这两个原则，激励机制就会起到"二桃杀三士"的作用。老板发红包是不公开的，员工不了解老板发红包的标准。老板作为人，对员工总有好恶，例如对长得漂亮或听话的人总会偏爱一点，对年老色衰或爱发牢骚者总不喜欢。这种员工个性的特点并不是获得报酬的依据，但老板自己决定红包大小时，这种好恶感总在起作用。或者即使老板能摆脱个人好恶，员工也总不相信，而会把自己得到的红包小归罪于老板而不是个人的业绩。发红包引起员工之间的相互猜测，以及对老板的不信任，这种激励机制反而降低了效率。这也正是以后许多老板改变发红包做法，致力于建立一种有效激励制度的原因。

二桃能杀三士的原因还在于缺乏一种客观评价功劳的标准。每个人都认为自己功劳大，又没有什么标准来评价功劳，三士皆为得不到桃子而羞愧，只有去寻死了。激励机制是根据贡献或业绩来支付报酬的。如果没有一种客观的评价贡献或业绩的标准，也会"二桃杀三士"。

许多单位都曾采用过评劳模的做法，这也是计划经济下普遍实行的一种激励手段。但在现实中这种评劳模的做法从来没起过什么好作用。我担任过高校系主任之类的芝麻官，每年的评劳模都是一场灾难。评劳模只有名额限制和一些抽象的条件，例如工作努力、教学效果好之类，而工作努力和教学效果又没有客观标准。若干个工作努力、教学效果好的人只有一个名额，每个人都觉得自己该当劳模。这和把两个桃子给三个有功的勇士一样。结果或者由领导按印象定，或者群众投票，或者轮流当。哪一种做法评出来的人都难以让别人服气，评上的不好受，没评上的受不了。一个劳模指标扼杀了所有员工的积极性，与"二桃杀三士"结果一样。

激励机制把贡献与报酬联系在一起，按贡献付酬，因此，一定要有一种衡量业绩的客观标准。有了这个客观标准，以此评价三士的功劳，排出名次，第一、二名吃桃子，第三名吃不上，也无话可讲，自杀之事也就不会发生了。许多衡量业绩标准客观、具体的激励机制都起到了良好的效果。例如，用股票价格衡量高管业绩的股票期权制，用年度利润衡量经营者业绩的年薪制，用销售额衡量销售人员业绩的销售提成制，用完成工作量衡量工人业绩的计件工资制等，都是行之有效的激励机制。当然，在现实中有一些工作的业绩难以用具体的客观指标来衡量。例如，许多从事日常事务的办公室人员。但无论任何工作，总可以找出一种具体的衡量标准。只要这个标准被人们接受，并有可操作性，就可以起到激励作用。例如，用考勤和工龄来衡量行政人员的业绩。只要我们努力去寻找，任何一种工作的业绩都具有可衡量性。尽管不同的行业和职业衡量业绩的标准不同，但这个标准却总是存在的。

当奖励由齐景公决定时，奖励功臣的桃子就变成了杀人刀。当奖励由一套公开而又可操作的制度决定时，桃子可以变成有效的激励手段。激励机制具有两面性。合理的制度化激励机制能提高效率，不合理的人治激励机制则会降低效率。不使激励机制变为负激励机制的关键是激励机制的制度设计。

在设计激励机制时大概没有人出发点是像齐景公那样受晏子的煽动想去杀人，但结果却"杀了人"的事例并不少。无论"二桃杀三士"这个故事的本意是什么，它对我们设计有效的激励机制都是有启迪的。

揠苗助长的失误

读《揠苗助长》这则寓言,总为先贤孟子的高见所折服,又为人性之顽固而感叹。孟子是在两千多年前写的这则广为人知的寓言,但时至今日,宋人又何其之多。揠苗助长的寓意在于提示人性中的"自作聪明"的弱点。现代行为经济学也用大量实验证明了,人总是过分自信。自信是人成功的起点,但过分自信,登泰山而小天下,就成为失败的种子了。如果像那位宋人一样,过分自信再加上善良的动机,亲自辛苦去拔苗,那结果就很不好了。可惜现在这种过分自信、动机善良而又不怕劳苦的宋人真是太多了,他们带来的损失也不仅仅是自己的苗死掉。

空口无凭，随便举个例子。天津产的可耐冰箱曾经红极一时。本来冰箱厂应该在保证质量的基础上增加产量——让苗正常长大。但"宋人"等不及了，在技术与管理都不稳定的情况下，下达了年产30万台的任务——拔苗助长。结果，达不到质量标准，许多冰箱根本不制冷，发往外地的冰箱中还有旧皮鞋等垃圾。"可耐"在天津话中是"可爱"的意思。名字起得不错，可惜质量太差，成了"可憎"。市场失去了，可耐厂也破产了——苗死了。要说下达这个指标的"宋人"，动机绝对纯正，为发展天津经济的确没错，但他不懂企业经营规律而又把自己作为专家，亲自下达命令并实地督战。这种人和那个为主人打蚊子，把主人打死的熊有什么本质区别？

要仅仅是这么个把宋人也就罢了，毕竟拔了可耐这根苗，对整个经济还影响不大。但如果这种宋人多了，你搞坏一个"可耐"，我搞坏另一个"可敬"，这国家怎么得了？你看，今天一个宋人拍板在边远小城建一个机场，明天又一个宋人拍板投资一个药厂，结果个个都失败。或者，今天这个宋人下令某些企业强强合并，明天那个宋人又强迫搞个新开发区。个个宋人都觉得自己发展经济理想崇高，而又样样精通，结果却遍地是死苗。苗死了只有纳税人承担这个损失。宋人们常挂在嘴上的是"搞好国有企业"，"搞好地方经济"。宋人们都以高手自居，自以为能搞定一切。也不知孟夫子知宋人如此之多会作何感慨。

在市场经济中,政府不应该去"搞企业",而应该为经济和企业的发展创造一个正常的秩序。无论国有企业还是民营企业都应该是独立的企业,自己决定生产经营。宋人们也无权去搞它们。古代宋人拔的尚且是自己的苗,现代宋人们则去拔别人的苗。梁启超先生在《生计学学说沿革小史》(梁氏当时从日文把经济学译为生计学,这本书可以说是一本"经济学史简编")中指出:"政府宜一听其自劳自活自由自治,而丝毫不可有所干涉。苟干涉者,则是揠苗助长之故智而已。"看来梁先生对揠苗助长之经济学解释的确得其精髓。

今天不仅有拔别人苗的宋人,也有拔自己苗的宋人。这种宋人就是企业家了。一些企业家总想尽快地把自己的企业做大,甚至提出短短几年中进入世界500强的宏图大志。结果违背了禾苗生长的客观规律,还不是同样失败?一家知名的啤酒企业极度膨胀,四处收购兼并,成长速度极快。但经济效益亦同速度下滑,净收益大幅下降,在港市的股价跌到了一元——甚至扩张太快,工作太紧张,连老板自己都累死了。古代的宋人仅仅是"今日病矣",但今天的宋人却是"今日死矣"。其实这位企业家是我一直敬佩的,他那种为工作而忘却一切的献身精神亦深深感动了我。但由揠苗而故,何其可惜也!像这样的宋人企业家也不止一个、两个,国有企业有,民营企业也有。企业家是拔自己的苗,他作为企业的所有者或CEO也有这个权力。但拔自己的苗,损失的也不仅是拔苗者本人。一个很有前途的企业垮了，无论是私人的，还是股份制的，结果GDP减少，工人失业。苗死了，没有粮食，挨饿的可不是宋人自己啊！

宋人的根本错误在于违背了不以人的意志为转移的客观规律。从小苗长成稻谷必须经过数月，无论你如何努力也无法改变这个规律。同样，一个地区的经济发展，或者一个企业的成长也有一个过程，有时这个过程还是相当长的。你去看看那些发达地区和成功企业，哪一个是一夜成名的？这让人想起一句西谚："罗马城不是一天建成的。"翻译成中国话也可以是："一口吃不成胖子。"

揠苗助长说明了人性中那种过分自信和好大喜功的弱点。制止这种弱点的是制度，政府和企业实行科学民主的决策制度，宋人的行为要受到监督和制止。这是走出宋人困境的必由之路。不过这又是另一些寓言要说明的道理了。

企业文化与榜样作用

榜样有什么作用呢？《韩非子》讲过一个寓言。

邹国的国君喜欢戴有长缨的帽子，身边的人也都戴这种帽子，于是就成为一种时尚，这种长缨帽子就很贵。国君为此担心，请教臣子。臣子说，君王喜欢戴，百姓也都戴，这种帽子当然很贵。于是，邹国国君把长缨剪掉，戴没长缨的帽子出去，全国人看见国君的爱好变了，也就不戴这种帽子了。

这个寓言说明了一个人所共知的道理：榜样的力量是无穷的。但也并不是什么人都能当榜样。在一国，国君是榜样，他的榜样比什么行政命令或道德说教都有效。在企业，只有老板能当榜样,这种榜样的力量才是无穷的。

一位下岗工人以自己的经历教育孩子要好好学习,也努力为孩子学习创造良好的条件,但孩子却就是不学习。究其原因,原来是这位家长下岗后不思进取,整天在家打麻将。孩子从小在这个环境里长大,对麻将了如指掌,哪有学习的兴趣?

在家里,家长是孩子的榜样。在企业,老板就是员工的榜样。

经济学把企业家才能与劳动、资本、自然资源并列为四种生产要素,而且,强调这四种生产要素中最重要的是企业家才能。劳动、资本和自然资源都是死的,是企业家把它们组织在一起,演出了一幕有声有色的生产活动剧。企业家是企业的灵魂,也是企业成败的关键。许多国家经济落后并不缺少劳动、资本、自然资源,甚至也不缺乏技术,缺的是企业家。一个企业不成功,缺的也不是资金、人才或技术,而是企业家。离了韦尔奇就没有GE,离了郭士纳就没有IBM的大象起舞,离了比尔·盖茨也没有微软的今天。这正如国君在邹国的地位一样。

企业家被捧到了这么高的地位,他也要承担相当大的责任。按传统的理论,企业家不仅是决策者和管理者,而且更应该是创新者和风险承担者。在我看来,企业家还有一种更为重要的作用:是企业所有员工的榜样。

在企业中只有企业家老板能成为榜样是由他在企业中的地位

决定的。这不仅因为他是企业的领导，还因为他有自然形成的权威，这种权威不仅来自他的权力，还来自他在领导企业前进中所形成的威望。这种威望不是别人"大树特树"产生的，而是自发形成的。一个民营企业家凭自己的本事在市场经济的夹缝中成长，从无到有，造成了一个大企业，员工能不从心里佩服甚至崇拜吗？一个国有企业家凭自己的能力使一个濒临破产的企业发展成一个知名企业，工人从面临下岗走向小康，员工能不给以无限的尊敬吗？老板的威信与邹国国君不同。国君是子承父业，权威来自遗传。老板是自己打天下的第一代国君，权威来自业绩。老板的榜样力量正来自于此。

老板的榜样力量对员工有着巨大影响，正如邹国国民模仿国君戴长缨帽子一样，员工也会模仿老板的一言一行，甚至穿着打扮。当然，这些无足轻重。老板的榜样主要是在公司治理结构的建立和实施上。

我们知道企业文化是公司治理结构中一个重要的组成部分。企业文化是企业员工共同认可的价值观，也形成企业内部某种让员工工作舒心的文化气氛。企业文化就是老板文化，是老板个人价值观在企业的体现。因此，一个企业形成一种什么文化完全取决于老板本人，正如邹国国民爱戴什么帽子取决于国君的爱好一样。比如，现在都讲学习型企业。但是如果老板不爱学习，有时间就打麻将、跳舞，员工能形成爱学习的风气吗？如果老板没文化，念个稿子都断不成句，员工还有学文化的积极性吗？有学习之风的企业，老板必定爱学习。再如，现在许多企业都注意企业内的平等与民主气氛，这种气氛也的确有利于调动员工的积极性。但如果老板本人是萨达姆一样的独裁者，对别人不平等，独断专行，这平等与民主之风由何而来？老板不能双重人格，对别人要求的是一套，自己做的却是另一套。从这种意义上说，老板的素质决定了企业文化，一个素质低的老板终究是做不成大企业的。公司治理结构是要保证企业实现制度化管理与运行。制定制度并不难，难的是制度的实施。根据我对许多企业的观察，有健全制度的企业不少，真正制度化运行的企业不多。在这些有制度而不实施的企业中，破坏制度的首先是老板本人。其他员工也会违反制度，但这无足轻重，也容易纠正。而老板"亲自"违反制度则是无人能纠正的，而且给了员工一个制度无所谓的误导。在这样的企业中，有章不循，有法不依，唯老板一时的意志为转移，恐怕有再好的公司治理结构也没用。邹国国民以国君为榜样，企业的员工以老板为榜样。可以学习老板的好榜样，也可以学习老板的坏榜样，这完全取决于老板是一个什么榜样。老板也不会不犯错误，但记住邹国国君的寓言，有错就改也就仍然是好榜样。

买椟还珠中的成本控制

"买椟还珠"是一个家喻户晓的成语,语出《韩非子》:"楚人有卖其珠于郑者,为木兰之柜,薰以桂椒,缀以珠玉,饰以玫瑰,辑以翡翠,郑人买其椟而还其珠。"其含义是比喻舍本逐末,取舍失当。用在商业上也可以指只重商品包装而哗众取宠。但从现代经济学的角度看,这个对商品和商品包装之间关系的解释并不全面,而且还会引起误导。

商品要有销路,当然首先要质量好、有特色。仅仅靠华丽的包装去欺骗消费者,锦绣其表,败絮其中,在长期中肯定不能成功。如果企业只在包装上下功夫，而不提高产品质量，创造产品特色，包装再好，也没用。买椟还珠这个寓言所讲的本末倒置的寓意对这类企业是有意义的。

但是，是不是产品质量好就不用管包装呢？让楚人包个破纸盒子到郑国去卖宝珠，恐怕也不能把宝珠卖出去。郑人一定会觉得，包一个破盒子的宝珠，恐怕不会是值钱的宝珠，宝珠同样卖不出去。韩非子没有接着讲这样的寓言，不过现实中却有这样的事情。

杜邦公司生产的化工产品一直销路甚好，但其市场占有份额逐渐下降。经过分析，其产品质量并没有下降，也没有被其他竞争者超过，也不是其产品有了什么更好的替代品。他们在市场调查中发现问题出在包装上。杜邦的产品质量是好的，但在包装上却有两个严重问题：一是包装质量差，经常有破损，消费者当然不愿买包装坏了的产品——无论你多么有名。二是包装缺乏特色，过分简单，消费者即使想买杜邦的产品，也难以从包装上辨认出来，从而很可能买了那些包装有特色的产品。他们通过消费者调查发现，63%的消费者是重视包装的，他们在选购商品时，首先看包装，这毕竟是产品留给消费者的第一印象。这种发现被称为"杜邦定律"。

杜邦公司专门组成一个小组研究改进包装的问题。他们认识到，包装的最低要求应该是保护产品的完整，包装的最高要求应该是能体现产品的特色，或者说是作为产品整体特色的一部分，能吸引消费者。他们还估算出普通商品的包装应占到成本的3%～15%，低于3%，包装就起不到保护产品的作用。但对普通商品而言，如果包装超过成本的15%，就有买椟还珠之嫌了。以后，杜邦公司根据这一研究结论，改进了包装，它的产品又变得畅销了。

其实类似杜邦公司这样的事，我国也有很多。我们的传统智慧是讲实惠，不注重外表，所谓"包子有肉不在褶上"就是这个意思。我们的不少产品都按这种思路来进行包装，结果都在国际市场上吃了大亏。我国与韩国都向我国香港地区出口同样的人参。韩国的人参包装精美，价格高，但在市场上却很受欢迎，而我国的人参过去是用麻袋装过去的，没有什么包装在市场上出售，结果价格低还没人要。这大概就是我们常讲的"货卖一层皮"。从这个意义上说，楚人精心包装宝珠也不算错。现在我们在这方面已经有了极大的改进，许多产品也以其包装而受到欢迎。例如，由艺术家黄永玉设计的酒鬼酒包装，像一个麻袋一样，极有特色，让人爱不释手，从而为酒鬼酒打开市场立了大功。

但是，买椟还珠所讽刺的楚人，的确有不当之处，太过分了。我们记得，杜邦公司研究的结论是，对普通商品而言，包装在成本中所占的比例不应超过15%。当然，杜邦公司是根据当时的条件提出这个包装的上限标准的。这个上限标准不一定适合现在，也不一定适用于各个行业。但包装要有上限的观点是正确的，作为普通商品和礼品的包装上限有很大不同，礼品要更重视包装。但无论什么商品，包装在成本中占多少，总不是无限的。从《韩非子》中的描述看，楚人做的包装盒有点过分了，以至于消费者只看表面包装，而不管实质内容。包装是为了推销产品的，楚人并不是木盒生产商，而是珠宝商。只卖出盒子而卖不出珠宝，岂不是本末倒置吗？

在我们的现实生活中值得注意的是，这种楚人越来越多了。许多保健营养品，包装占了百分之三十，甚至更多，一个印刷精美的大盒子中并没有多少东西。每年中秋节的月饼，大概包装是月饼成本的几十倍，甚至更多。一个精制的工艺品盒子（甚至有用黄金当包装的）装了几块小月饼。从不重视包装到过分包装，消费者同样不喜欢。毕竟对大多数人而言，包装是要扔的，花这么多钱去买一个包装盒子，消费者会认为不值。谁都知道，包装成本是要打入价格的。忘掉了杜邦公司提出的包装上限，同样难以成功。这些企业无疑就是现代楚人了。

我们说且莫小看包装，是强调包装在产品特色创造和市场销售中的作用。从这个意义上说，买椟还珠这个寓言有点片面，但包装亦要讲适度，过分反而起副作用了。从这个意义上说，买椟还珠这个寓言还是有现实意义的。

朝四暮三的创新意义

朝四暮三与常用的朝三暮四是一个意思,语出《庄子》:"狙公赋芧,曰:'朝三而暮四。'众狙皆怒。曰:'然则朝四而暮三。'众狙皆悦"。说的是一个养猴的人(狙公),给猴子(狙)发橡子(芧),早上发三升,晚上发四升,猴子不高兴,改为早上发四升,晚上发三升就高兴了。经庄子引用之后遂成一成语,原意指愚弄欺骗的手法,后多用于比喻反复无常、变来变去。

在现代汉语中,朝三暮四是贬义的,比如用来比喻对爱情不专一或对事情见异思迁。但庄子老先生用这个故事时并没有这种贬义。他由这则寓言得出的结论是:"名实未亏而喜怒为用,亦因是也。是以圣人和之以是非而休乎天钧，是之谓两行。"用今天的话说，名和实都没有改变，而猴子的喜怒却因此不同，这就是顺着猴子的心思罢了。所以圣人不执着于是非的争论而保持事理的自然均衡，这就叫作"两行"。"两行"指两端都可行，即两端都能关照到。用清人王先谦的话说就是"物与我各得其所，是两行也"。

从经济学的角度看，如果朝三暮四是常态，那么，朝四暮三就是一种创新。

当猴子们不喜欢朝三暮四时，你把它改为朝四暮三，猴子们就高兴。尽管实质并没变（每天仍为七升橡子），但这种形式的变动（早晚分配不同），就是创新。例如，同样的原料，你可以做成芭比娃娃，当你把这些同样的原料做成椰菜娃娃时，就是一种创新，其实质并没变，仅仅是形式的改变就创造了一个商机。

创新这个概念是美国经济学家熊彼特提出来的，原意是指"生产要素的重新组合"，包括引入一种新产品，开辟一个新市场，开发一种原料的新来源，采用一种新技术，或者采用一种新的组织形式。熊彼特强调，创新是推动社会进步的动力。但是许多人却都习惯于把创新理解为重大的技术突破，例如，历史上产业革命中的技术创新或现代的电脑革命。这些影响历史发展的技术突破当然是创新，但创新绝不限于此。仅仅是改变产品的形式或其他细枝末节，例如，把做芭比娃娃的材料做成椰菜娃娃，同样也是创新。正是在这种意义上，我们说，把朝三暮四变为朝四暮三就是一种创新。

在现代经济中，做出重大技术突破的企业当然会成功。但并不是所有企业都有这样的能力和机遇。对许多企业来说，只要对产品的形式或其他次要细节作一点变动，就会赢得消费者的欢迎，并获得一种商机。以我们讲的洋娃娃的例子而言，也许人们看惯了漂亮的芭比娃娃，也不觉其美了。其实漂亮是一种美，丑也是一种美（漂亮的演员和丑陋的演员都有观众喜欢，都有市场价值，奶油小生太多了，丑角也会受欢迎）。把同样的原料做成丑陋的椰菜娃娃，受到许多消费者的欢迎，这就有了新的商机。它并没有什么技术突破，但的确称得上是创新。其结果满足了消费者的需求，增加了企业利润，对社会就是有价值的。

经济学家把这种改变产品形式或细节的做法称为创造产品差别或者产品差异化竞争战略。产品差别指同一种产品在形式、包装、质量、品牌、服务这些细枝末节上的不同。创造这种产品差别的活动就是企业的创新。这种创新满足了不同消费者的需求，使消费者得到更多的满足，也给企业创造了新的市场需求。例如，色彩鲜艳、造型独特的山地车、赛车会深受青年人欢迎，而结实耐用、朴素大方的普通自行车则会受到中老年人欢迎。把自行车做成不同样式，对消费者和企业都是双赢的。

在市场上，每一种有特色的产品都可以垄断一部分消费者。例如，名牌、高质量自行车可以垄断高收入消费者，造型独特的自行车垄断时尚青年，结实耐用的自行车垄断中低收入者，等等。所以，经济学家认为，有产品差别就会引起垄断，产品差别越大，垄断程度越高。这就是说，大企业可以通过规模经济，扩大产量，来实现自己的垄断。小企业无法依靠产量来控制市场实现垄断，但却可以以自己的产品差别垄断一部分消费者，形成自己的垄断地位。有这一部分消费者作为目标客户，这些企业同样可以成功。英国伦敦的 Lobb 鞋店规模并不大，但它为高收入者精心定做皮鞋，同样成为百年老店。

变朝三暮四为朝四暮三几乎没有什么代价，但却赢得了猴子们的高兴。同样，在产品差别上进行创新也无须大笔资金投入或者冒什么大风险，只要善于观察消费者的消费时尚及变动，对原有产品略加变动就可以。每年推出的新时装其实就是这种创新，但这种创新创造了一个多大的市场啊！

有些企业家经常为产品无销路而发愁。其实消费者的需求是无限的，不是消费者无需求，而是你的产品几十年一贯制，满足不了不断变化的消费者需求。想一想狙公如何把朝三暮四变为朝四暮三，你就知道成功之路在何方了。

负面影响的解决之道

　　古希腊的伊索写了一则《有钱人和鞣皮匠》。

　　这个寓言说的是,有钱人凑巧和鞣皮匠相邻而居,由于受不了鞣皮匠作坊里散发出来的臭气,就几次三番地催鞣皮匠搬家。鞣皮匠嘴上答应不久就搬,却一再拖延,没有动迁。就这样,双方争执不下,最后有钱人闻惯了臭气,也就偃旗息鼓,不再和鞣皮匠纠缠了。

　　伊索得出的寓意是:"令人生厌之物,一如鲍鱼之肆,久而不闻其臭。"这是劝人"忍"的。伊索没有看出他讲的这则寓言的经济学意义。

有时，一项经济活动不仅会影响到与这项活动相关的生产和消费者，还会影响到与这项活动无关的第三者。这种对第三者的影响称为外部性。如果这种影响是好的，称为正外部性。例如，一个人种花为生，既不买花也不卖花的邻居可以免费享受到花香。如果这种影响是不好的，称为负外部性。

有钱人并不从鞣皮中受益，也不买皮，但他要闻臭气，这就是鞣皮这项活动的负外部性。

两千多年之后，科斯才解决了鞣皮匠对有钱人的权益侵害问题。

科斯认为，如果产权是明晰的，有钱人有权享受清新的空气，鞣皮匠有权从事鞣皮活动，他们就可以通过市场交易私人解决这个负外部性问题。

假设有钱人对享受清新空气的评价是1000元，鞣皮匠从每月鞣皮中得到的收益是2000元。他们俩可以就臭味问题进行谈判。如果鞣皮匠愿向有钱人支付1500元，以补偿他闻臭味带来的痛苦，这个问题就解决了。有钱人对清新空气的评价是1000元，现在他放弃清新空气可以得到1500元，或者说放弃享受清新空气赚了500元。鞣皮匠鞣皮的收益为2000元，他为污染空气的权力付出1500元，得到这种污染权也赚了500元。在这次污染权的交易中双方都有500元的收益，交易当然可以进行。鞣皮匠可以继续鞣皮，污染空气，有钱人也会习惯臭味，安然接受。这就是外部性问题的私人解决方法。谈判中污染权还可以有其他价格，只要高于1000元而低于2000元，双方就都可以接受。最后定在多少，取决于双方的谈判艺术。

如果有钱人对享受清新空气的评价是2000元，鞣皮匠从鞣皮中得到的收益是1500元。低于2000元时，有钱人不愿放弃享受清新空气的权利，高于1500元时，鞣皮匠也不愿购买污染权。这时，鞣皮匠只好停业或搬到其他地方，有钱人能享受清新空气，外部性问题也解决了。当然，如果鞣皮匠治理污染的代价低于1500元，他也会自己消除污染，外部性问题也解决了。

这就是说，如果双方的产权都很明确，他们就可以以市场交易方法来解决外部性问题。而且，这种解决与产权的最初配置无关。我们以上假设的是双方都有同样的产权。如果只有一方有产权，结果也相同。例如，有钱人有享受清新空气的权利，鞣皮匠无权污染，这时鞣皮匠就可以向有钱人购买污染权。只要有钱人认为出卖他这种权利有利，高于他对享受清新空气的评价，交易仍可达成。如果有钱人认为鞣皮匠的出价低于他对清新空气的评价，不愿出卖，鞣皮匠只好搬走或停止工作，外部性问题也就解决了。反之，如果鞣皮匠有污染权，有钱人无享受清新空气权，他可以向鞣皮匠购买这种权力。如果鞣皮匠认为有钱人的出价高于他鞣皮的收入，就愿意出卖污染权，搬走或停业。如果鞣皮匠认为有钱人的出价低于他鞣皮的收入，不愿出卖污染权，有钱人只好搬走或忍受。

最初的产权分配并不影响外部性问题的解决,而只影响谁收益。如果双方有同样的权利,则双方受益。如果只有一方有权,有权者受益。在我们的例子中,如果有钱人有享受清新空气权,有钱人出卖污染权受益。如果鞣皮匠有污染权,鞣皮匠出卖污染权受益。从社会来看,总收益是相同的。

当然,这种交易方式也并不能解决所有外部性问题。例如,如果受污染的不是一个有钱人,而是许多有钱人,而且这些人对享受清新空气值多少钱的评价不同,那么他们在与鞣皮匠谈判之前就要自己先谈判,以达成一个共同的价格。有钱人之间进行谈判需要付出的费用是交易成本。如果这种交易成本高于鞣皮匠可以接受的价格加他们出卖污染权要求得到的价格,交易就不能达成,外部性问题无法解决。同样,如果鞣皮匠人数多,达成一致接受的价格交易成本高时,交易也达不成。当然,如果双方人数都多,交易成本更高时,交易也无法达成。所以,使双方交易无法达成、外部性问题解决不了的是交易成本的存在。

在现实生活中,交易成本并不是零,而且有时交易成本还会很高。这时私人通过市场方式无法解决外部性问题,就需要政府起作用。例如,政府对鞣皮匠征收污染的税收(经济学中称为庇古税,因为它是由英国经济学家庇古提出的),或者用法律禁止污染。政府如果认为鞣皮匠对经济重要,也可以自己出资治理污染,或让有钱人搬迁。

伊索提出了外部性问题,科斯解决了这个问题,这就是人类思想的传承。

善用利己本性

　　克雷洛夫的《天鹅、狗鱼和大虾》是一篇有名的寓言。它讲的是，天鹅、狗鱼和大虾想把一辆小车从大路上拖下来。它们用足狠劲儿，身上青筋根根暴露，但车子却一点没动。原来并不是车子重，而是方向不对。天鹅往云端飞，大虾往后面爬，狗鱼又把车往水里拖。作者指出这个寓言的含义是：一个集体如果不能协作，办事情绝不会有好的效果，不仅搞不成功，还会受尽折磨。

　　这个含义适用于任何一种集体。在市场经济中，企业是一种集体，也可以用这个寓言来解释。企业是最基本的生产组织，它的特点是团队生产，即许多人共同合作进行生产经营，这就需要每个人向同样的方向共同努力，相互协作。如果像天鹅、狗鱼和大虾那样，各自向不同的方向努力，结果只能是车子不动，或者说是无效率。美国经济学家莱宾斯坦把这种由于协作不好而引起的效率低下称为"X无效率"。

克雷洛夫看到相互不合作的不良后果，但我们还要进一步分析引起这种不合作的原因：天鹅、狗鱼和大虾有其各自的本性和目标，所以用力的方向不同。天鹅爱飞，往云端飞是它的本性。狗鱼爱水，自然往水里拉。大虾行走的习惯就是爬。在企业中，不同的人缺乏合作也是由本性决定的行为目标不同。股东们希望分红最大化，经理人希望企业扩大给自己带来更大的权力和收入，工人则希望工资高、干活儿少。他们各自的目标都出于利己之心，利己是人的本性，正如天鹅爱飞、狗鱼喜水、大虾好爬的本性一样。

动物的本性是难以改变的，人性也是如此，我们喊了多少年"一心为公""无私奉献""斗私批修"，私心仍然没有消灭。而且，那些为公口号喊得最响的人，往往也是最自私的人。因此，解决天鹅、狗鱼、大虾用力方向不一致的方法，不是让它们改变本性，而是利用它们的本性。而要利用它们的本性就必须设计一套机制。例如，让天鹅在向上飞时关注方向，用水诱使狗鱼向前拉，把大虾放在车后，它向后爬就把车向前推了。在企业中，我们也要利用人利己的本性，让他们利己的行为成为有利于整个企业的行为。这就是我们通常所说的激励机制。

解决团队整体合力问题的方法当然不只有激励机制，我们还可以用强制命令的方法。但要使这种方法有效，必须有有效的监督和严厉的惩罚。军队多采用这种方法，一来部队集中活动，便于监督，二来战争时期可以对不服从命令者"军法从事"。但这种方法在企业中却并不适用，正如以死威胁天鹅、狗鱼和大虾，未见其有效一样。人类解决同一问题往往有不同的方法，关键是要找出一种成本低而效率高的方法。对企业而言，激励比强迫命令成本更低，效率更高。

激励机制的中心是承认人利己的合理性，把每个人的个人利益与他为整体企业所作的贡献联系在一起，用利益引导人们的行为与整体利益相一致。比如，对经理人实行股票期权制，其收入主要取决于企业股票价格的变动。在股票市场上，一个企业股票价格高低取决于其长期赢利能力。如果经理人的努力使企业长期赢利能力提高，股票价格上扬，这对企业是有利的，同时对经理人也有利。这时经理人就会向有利于企业的方向努力了。同样，可以对员工实行分享制。这时员工的主要收入来自分红。企业效率提高，利润增加，每个员工都可以分得一份。员工有一种"企业兴，个人富"的观念，就会向使企业效率提高的方向努力。这种做法如同给狗鱼水，让它向前拉一样。

当然，激励不仅是物质的，还有精神的。如果你有办法让天鹅、狗鱼和大虾拉车更有兴趣，例如，给它们弹支曲子——实验证明动物有乐感——它们也会更努力协调一致。对员工的精神激励就是给他们创造一个良好的工作气氛，例如，企业内部人与人之间的平等，每个人的民主参与权得到保证，或者用不同的办法让员工实现自己的理想。物质激励是基础，但精神激励也不可忽视，毕竟人与动物有不同之处。

激励机制可以调动员工的积极性，但要把这种积极性变为现实的协调行动，还需要一套制度。这就是说，企业要按制度运行。这套制度要重点解决两个问题：一是决策的正确，二是执行中的协调。保证决策正确，必须有一套决策的程序和确定决策机构的组成。这也就是一般所说的董事会决策制度。保证执行中的协调，必须有明确的制度规范每个部门和每个人的责权利。应该让每个人像机器中的各个部件一样发挥不同的作用。企业内部各部门和不同人之间行为的协调是保证企业效率的必要条件。这些都是有效的企业运行所必需的。而这也就是我们所说的科学管理。

克雷洛夫这个寓言大概是有感于当时统治集团内部的矛盾使俄国落后而发的。不过寓言的意义并不受时代限制。这正是寓言永远流传，不同的人取其不同含义做出不同解释的原因。

上层人士的示范效应

"楚王好细腰"的寓言出自《墨子》,讲的是楚灵王喜欢苗条腰细的士人。众士人为了得到楚灵王的宠信而纷纷节食,追求"骨美",结果个个饿得面黄肌瘦,弱不禁风。这个寓言的劝讽意义是显而易见的。但从现代经济学角度来看,我们完全可以赋予楚王好细腰一个全新的含义。

在市场经济中,产品销售的好坏取决于消费者的需求。消费者对某种物品的需求是购买欲望和购买能力的统一。购买能力取决于收入、价格等因素。在现代社会中,人们的收入增加,购买能力并不弱，但为什么许多产品仍然卖不出去呢？这就在于消费者缺乏对这些产品的购买欲望。经济学家特别强调购买欲望的重要性，因为消费者一旦对某种产品有了强烈的购买欲望，他就会为实现这一愿望而多赚钱（例如，青年人为买汽车而兼职），这就提高了购买能力。或者他也可以通过消费信贷把未来的购买能力变为今天现实的购买能力。可见在创造需求中，购买欲望是重要的。

购买欲望来自消费者的偏好。消费者购买物品消费是为了获得效用（即满足程度）。效用是消费者的主观感觉，它取决于消费者对这种物品的喜欢程度，即偏好。消费者对某种物品的偏好越大，这种物品给他带来的效用就越大，他就越愿意购买，需求就越高。那么，消费者的偏好又取决于什么呢？

偏好是一种心理现象，因人而异。但人的心理现象也是有共同规律可以寻找的。人的偏好来自欲望，或者是生理欲望，或者是由社会引发的心理欲望。在现代社会中，生存的基本生理欲望容易满足，重要的是由社会引发的心理欲望。人由这种欲望而产生的偏好，显然要受社会影响，即整个社会消费时尚的影响。因此，我们必须了解消费时尚的形成。

乍看起来，消费时尚是无规律的，也是无理性的，而且瞬息万变。昨天裤子上有洞，被称为穷，今天就成了时尚。怪不得有人感叹总赶不上时尚。但一种消费时尚的形成也是有其规律的。决定消费时尚的因素很多，如广告、历史传统、政策引导等，但一种消费时尚更多还是来自示范效应。

示范效应就是某个人（或群体）的行为被作为榜样，其他人向他学习而产生的影响。消费时尚来自示范效应。这就是我们爱说的"榜样的力量是无穷的"。那么谁能当榜样呢？我们设想，如果楚国宫中某个官员喜欢苗条腰细，能有这种减肥的时尚吗？恐怕不仅不行，这个官员还会受别人嘲笑。只有楚王的偏好能作为榜样，这不是因为他的审美情趣高，而是因为他国王的地位。所以，示范效应就是上层人作榜样，其他人模仿而形成一种时尚。

为什么只有上层人才能作榜样呢？处于下层的人向上层学习是一种动物本能。动物行为学用实验证明了这一点。找一个小猴子由人教会它吃水果之前先洗干净。把这个小猴子放进猴群，结果众猴子不仅不学，还打它。再找一个猴王教它洗水果。把这个猴王放进猴群，众猴子纷纷效仿，洗水果再吃成为猴子的一种时尚。人类的示范效应根源于这种动物本能并由社会因素而形成。就消费时尚而言，在国际上，发达国家是发展中国家的榜样，消费时尚总是由发达国家消费方式的示范效应而形成。在国内，引起消费时尚的总是上层人士。这就是只有楚王才能引起减肥时尚的原因。

企业的产品要能满足消费者的欲望才有市场，因此，企业一定要关注消费时尚的变动。在这样做时，企业要盯住发达国家与上层人士的消费行为。假设你是当年楚国的一个企业家，你一定要注意楚王宫中的消费时尚。如果你能打听到楚王好细腰，你就应该预见到，不仅宫中，而且整个社会，都会有细腰的消费时尚，减肥产品的需求会急剧增加。这时你生产各种减肥食品、药品，设计各种减肥的健身的或其他方案，一定市场兴旺，让你赚个够。可惜当年墨子把细腰作为一种不正之风来讽刺，没有想到这个商机。墨子是一个道德家，总想纠正减肥这种不正的消费时尚。他忘了一点：消费时尚本身无对错之分，也是非理性的，你看中世纪上层妇女穿的裙子，有鲸鱼骨做支架，大而笨，穿与走都不方便。但这就是时尚，你没有办法。

如果你是楚国时的企业家，还要注意两点。一是在利用消费时尚时要领先。如果别人都知道了减肥是消费时尚，并生产减肥产品，你就没戏了。二是消费时尚在变。如果楚王的偏好变了，像唐代一样以胖为美，或者新楚王不管胖瘦，只爱披肩发，那你一定要与时俱进，转而生产护发用品或假发。这就是要随时关注消费时尚，并适应消费时尚的变动，调整自己的生产。"识时务者为俊杰"，企业要识消费时尚方能成功。

墨子讲"兼爱"，但不爱细腰。作为企业家，应该真正做到兼爱，爱每一种消费时尚。但墨子还是伟大的，他毕竟在二千多年前就认识到楚王的示范效应与减肥消费时尚之间的关系。

计算收益不能刻舟求剑

刻舟求剑的故事出自《吕氏春秋·察今》，言一楚人过江坠剑，在船上刻记号，船停后找剑。作者感叹："舟已行矣，而剑不行，求剑若此，不亦惑乎。"船已走，剑不走，楚人当然找不到剑。

今天我们谈起刻舟求剑莫不笑楚人之愚，然而经济生活中这样的楚人还真不少。

举个例子，某企业家要投资1000万元建一个工厂，这个厂寿命3年，每年收益可达400万元。该企业家就认为，投资1000万，3年共收回1200万元，赚200万元，利润率20%，值得投资。这种决策思路正确吗？

正如船在河中要行走一样，货币的价值，即货币的购买力，随着时间推移也在变动。今年的一元钱与以后一元钱的价值并不相同，也就是说，今年的一元钱与以后一元钱能买到的东西并不一样。如果有通货膨胀（物价上升），今年的一元钱就比以后的一元钱值钱；如果有通货紧缩（物价下降），今年的一元钱就不如以后的一元钱值钱；只有在物价水平不变的特殊情况下，今年的一元钱与以后的一元钱才会等值。以今年一元的价值来表示以后一元的价值，无异于刻舟求剑。在经济学中，我们把未来一元在今天的价值称为现值。使用现值法来评价这个投资项目的成本与收益，就是"船儿走，我也走"了。

我们假设通货膨胀率以后三年中每年为10%，今年投资的1000万元现值当然是1000万元。但第一年收益400万元，现值并没有400万元（换句话说，由于物价上升，买不到那么多东西）。我们可以用贴现法来计算未来货币的现值，贴现在这个例子中是根据通货膨胀率来进行。

例如，第一年收益400万元，通货膨胀率10%，这笔收益的现值是400万元/（1+0.1）=363.6万元。第二年收益400万元，同样通货膨胀率时（即在第一年10%物价上升的基础上又上升10%），现值是400万元/（1+0.1）^{2}=330.6万元。第三年收益 400 万，同样的通货膨胀率时（物价在第二年的基础上再上升 10%），现值是 400 万元 / $(1+0.1)^3$=300.8 万元。按现值来算，这三年的现值是 363.6 万元 +330.6 万元 +300.8 万元 =995 万元。按现值来算，三年收益仅 995 万，而投资为 1000 万，赔了 5 万。进行这种投资的，岂不是"船儿走，剑不走"的楚人吗？而在现实中，这样计算投资收益的楚人（也许是决定投资的官员，也许是企业家）还少吗？

当然，我们假设通货膨胀率总为 10% 仍然没有摆脱楚人的影响。经济学家努力做到"船儿走，我也走"时，总要考虑到未来的不确定性。正如船在水中行一样，世界上的事情无不在变，这就是孔夫子感叹的"逝者如斯夫"。在我们的现实生活中，其实通货膨胀率是变的。而且，更重要的是，除了通货膨胀在变外，其他许多条件也都在变。例如，由于市场需求变动，这位投资者的产品价格上升（或下降），由于中东战争出口受阻，或者原料进口因出口国发生内战价格上升，等等。不考虑到这些因素的变动，经营也就难以成功。经济学家把未来不确定性可能引起的种种损失称为风险。20 世纪 70 年代的石油危机打击了美国汽车与相关行业，引起滞胀，这是整个国家经济的风险。中东战争影响了我国一些向中东出口的企业，这是企业的风险。

当经济学家不考虑时间因素，假设其他条件不变来分析两种或多种经济变量之间的关系时，称为静态分析，这是刻舟求剑的方式。但是由于这种分析通过把所分析的事情简单化，可以得出许多有意义的结论，也便于我们学习，故还不能将其说成楚人式愚蠢。由浅入深，由简单到复杂，是我们认识问题的方法。但在解决现实问题时，我们就要更多地运用动态分析。动态分析考虑时间因素，分析各种变量之间变动的关系。在这种分析中我们要考虑各种因素的变动、无法确定的因素及可能的风险。这时，我们的分析就是"船儿走，我也走"了。

当然，未来不确定，有风险，并不是说我们就会像楚人一样无法找到剑。从总体上来看，未来的事情大多还是可以预期的，像SARS、禽流感之类不可预测的突发事件还是少的。许多经济学家都在进行经济预测工作，尽管预测并不总正确，但还是有用的。随着经济学的发展、预测模型的改进与数据准确，经济预测已摆脱了"算命"那样的初级阶段，而且还在进步。

其实即使有不可预测的风险发生，我们也可以应对。我们可以运用一些应对风险的工具，例如，购买保险；在期货市场上进行套期保值，回避价格波动风险；在金融市场上采用各种资产的组合（即"不要把鸡蛋都放在一个篮子里"）来回避股市风险；企业多元化经营（生产多种产品，或向不同国家出口）等。当然，更重要的是个人、企业或一个社会要有风险意识，对可能发生的风险有所准备。这样，任凭风吹浪打，你都可以闲庭信步了。

世界总是在变的，风险也总是有的。楚人的错误正是以不变应万变。经济学家讲"船儿走,我也走",就是要以变应变,楚人只要能"船儿走,我也走",何愁找不到剑?又怎会成为千秋万代嘲笑的对象?

做个高尚的富人

古今中外的寓言对富人都是竭尽讽刺挖苦之能事,《克雷洛夫寓言》中的《送葬》是这样讲的:

古埃及富人的葬礼为了办得风光都要请一些哭丧婆。哭丧婆哭得很伤心。有路人说:"我是术士,可以让死人复活。"哭丧婆们说:"那可是功德无量,不过你要让他五天后再死。此人生前没做一件好事,今后也未必改弦更张;而他一死,一定又会雇我们去为他哭丧。"这样,哭丧婆才能赚点钱。一个人活到别人盼他死的份儿上,其德行也就可见一斑了。而这大概也是许多人对富人的心态。

应该说，寓言中对富人的态度的确反映了人们的仇富心态。在传统社会中，许多富人是靠特权和对人民的残酷掠夺致富的。他们致富的主要手段是凭借暴力的再分配，而不是创造财富。而且，他们在致富之后对穷人的剥夺变本加厉。说他们为富不仁还是有几分道理的。也正因为如此，《水浒传》《侠客罗宾汉》《佐罗》之类以杀富济贫为主题的文学作品才会流传那么广。

市场经济初期的圈地运动、海外掠夺也充满了"血与火"。但在总体上，富人还是靠生产致富的。尽管他们的个人品质也有可指责之处，在竞争中也用过一些不大光彩的手段，对工人亦缺少关爱，但他们在个人致富的同时也创造了社会财富，推动了社会进步。

可以说，没有福特、洛克菲勒、杜邦、摩根这些人的致富，就没有今天美国高度发展的经济。这些人尽管有着这样那样的缺点，然而总体来说还是市场经济的英雄，至今仍受人们尊敬。

随着市场经济的发展，新一代富人也在不断完善自己，以他们的行为改变着世人对富人的看法。当比尔·盖茨、巴菲特、索罗斯等人把他们巨大的财富捐赠给慈善事业时，为富不仁这种说法已经没有市场了。在发达国家，仇富心态已经不是主流。当今的美国人也很少有像寓言中讲的古埃及人那样诅咒富人，盼望他们活了也必须立即再死去。

但是，中国的富人还没有像美国的富人那样受到尊重。尽管许多人不得不承认他们的致富对社会的有利影响，他们的政治和社会地位也都有了相当大的提高，然而，仇富心态却仍相当普遍。

这其中的理由，一是受传统思想的影响。中国社会中传统的仇富心态已有几千年之久，根深蒂固。虽然我们已经进入市场经济，但思想意识，尤其是民众的思想意识还相当滞后，用传统的眼光看富人成了一种思维定式。加之贫富差距日益扩大，更是为这种观念的生存与传播提供了条件。

二是普遍存在的"原罪"观念，甚至连有的省政府文件中都提出赦免民企"原罪"的问题。且不说"原罪"是否应该赦免，单是承认"原罪"的存在就已经由民间而进入政府了，可见这种观念之深。

我们不否认，一些富人致富，尤其是暴富，的确有许多非法行为，诸如走私、偷税，强取豪夺、官商勾结、造假贩假等，但也应该承认绝大多数民企都是靠自己的奋斗、借改革的春风通过正当方式发展起来的，许多富人也是靠自己的聪明才智、胆略和勤奋致富的。但少数人的不正当致富也的确败坏了整个富人阶层的形象。

三是中国的一些富人，财富与道德没有同步增长，即使是正当致富的人也做出了一些与自己身份不符的事。报纸上披露的老板欠民工工资，开着宝马车横行，以及狂嫖乱赌等行为，说明一些人暴富之后的不正常心态，以及"仇贫心态"。这样的富人不管你是如何富起来的，能让人服吗？从这种意义上说，仇富也是富人自己引起的。

富人要得到别人的尊重，让人家不是尊重你的钱，而是尊重你的人，首先要有一种平等意识。不要以为自己有几个钱就比别人高一等，就晋升为"高等华人"，可以为所欲为。你比别人有钱，并不比别人尊贵。不能像鲁迅先生说的那样"一阔就变脸"，尤其是不能有"仇贫心态"。千万别忘了，你的财产中有别人辛勤的汗水，没有那些普通而贫穷的民工给你干活儿，你能致富吗？

现代管理讲究以人为本，早已不是泰勒那样把工人当作机器的时代了。如果富人不懂得平等，不懂得尊重每一个人，包括那些最穷的人，你再有钱也不会受到别人尊重。

富人还应该有精英观念。精英不是指高人一等、控制社会的人，而是指那些既有能力又有良好品德的人。富人往往是普通人模仿的榜样，所以要以自己良好的品行为社会树起一个榜样。富人应该注意自己的言行，不要"有钱就变坏"，要富而有德。

富人还应该有奉献社会的意识。企业追求利润最大化是对的，但富人要有社会意识，知道自己的钱来自社会，应回报社会。富人应该关注贫困人口，应该把自己的一些钱资助慈善事业、社会公益事业，切勿拔一毛利天下而不为。

一个正常的社会不应该有"仇富心态"，也不应该有"仇贫心态"。无论钱有多少,人与人都应该互相理解,互相尊重。富人被指责有误解,有传统,但更重要的还是富人自己的行为不当。我劝富人学会如何自律,做一个高尚的富人。

ECONOMICS LOGIC

- [ ] **第一篇**
  经济学中的生活逻辑

- [ ] **第二篇**
  经济学中的经商逻辑

- [✓] **第三篇**
  经济学中的治国逻辑

- [ ] 附 录

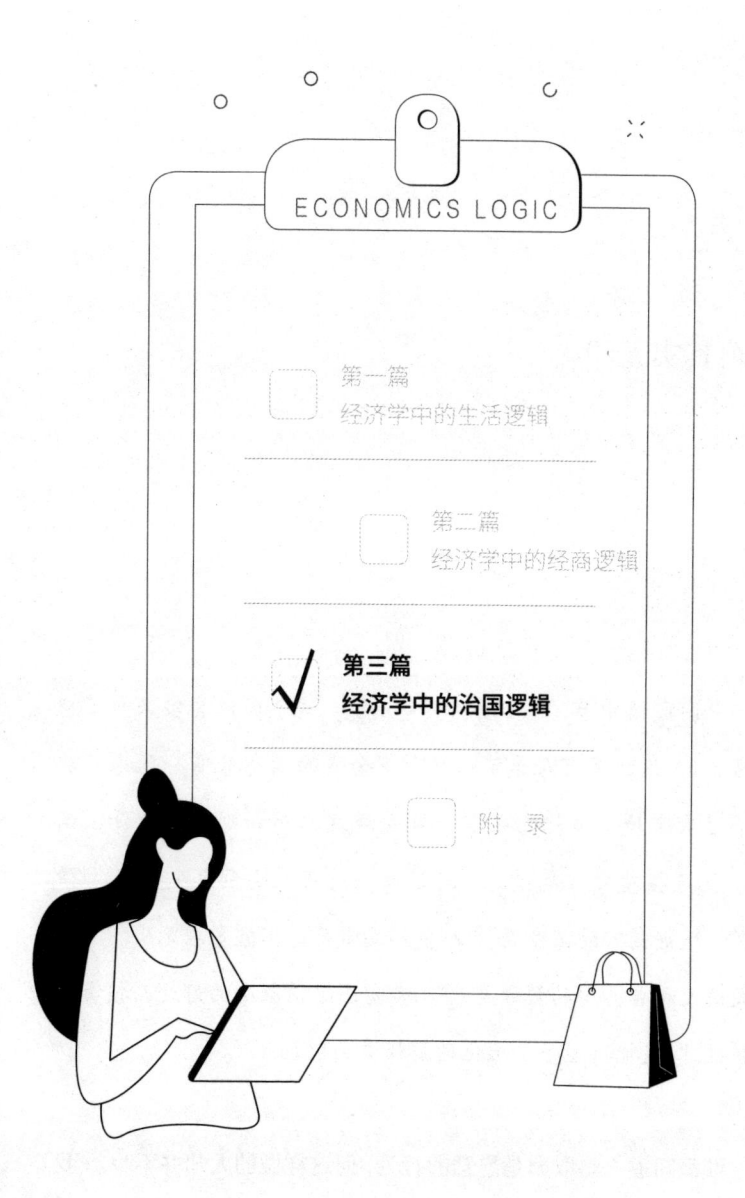

杀鸡其实无卵

中国成语中有"杀鸡取卵"一词。这个成语其实来自《伊索寓言》,讲的是有人养了一只会下金蛋的漂亮母鸡。他以为鸡肚子里有金块,便把它杀了,却发现这只鸡和别的鸡没什么两样。他原指望发一笔横财,结果反而连那笔小利也失去了。伊索说,这则寓言的寓意是:"人当知足常乐,不宜贪求无厌。"《中国成语大辞典》中的解释是:"比喻贪图眼前微小的好处而损害根本利益。"我觉得还是本土化的解释更为贴切。

谁都知道杀鸡取卵是愚蠢的行为,但这样做的人却并不少。我曾到东北某县，那里的企业家朋友诉说，税收太重，各种收费甚多，民营企业发展艰难，一些企业倒闭了，一些搬到外地去了。结果这里民企不发达，经济落后。与一些官员朋友交流，他们说县财政太困难，不让这些民营企业出点血，县里连工资都开不了，更别说发展了。结果这里就形成越穷越向民企要钱，越要钱民企越发展不起来，经济越落后，财政越没钱，这样一个恶性循环。想靠杀鸡取卵来打破这个恶性循环是不可能的，因为杀鸡其实无卵。

政府杀鸡的一把刀是税收。政府要行使各种职能，收税是天经地义的。但为了实现一定的税收，实行高税率还是低税率却是一个值得探讨的问题。美国20世纪80年代的供给学派已经对这个问题做出了回答。税率过高并不能保证税收收入多，因为高税率抑制了人们投资和劳动的积极性，税基——国民收入——减少了，高税率只能得到低税收收入。相反，低税率则能刺激人们投资和劳动的积极性，国民收入增加，税收也增加了。他们还用拉弗曲线来证明税率与税收之间的关系，说明当税率进入禁区时，实际上税收就相当于杀鸡取卵了。供给学派的许多观点都已被人们给遗忘了，唯独这个观点和拉弗曲线经常被人们引用，并进入了每一本经济学教科书。

我们正在进行税制改革，这种改革的一个目的就是要减少企业的负担，实现养鸡下蛋。即使在现行税制没有改变的情况下，我们也可以养鸡下蛋。这就是实行投资赋税减免，即对企业用于投资的那一部分收入实行赋税减免。例如，企业有 1 亿元利润，如果它把其中的 5000 万用于再投资，就只对剩下用于分配的 5000 万利润征收公司所得税。企业把部分利润用于再投资就是把鸡养大，以便它下的金蛋更多。许多国家都用这种减税的方法来刺激经济，其效果比增加政府支出刺激经济还有效，因为企业会把资金投到效益最高的地方。

与税收相比，乱收费其实是杀鸡的一把最锐利的刀子。税收有法可依，企业可以预期，并加入成本中。但收费却随意性很大，是一把防不胜防的"飞刀"。不知什么时候刀以哪种方式飞过来，鸡头落地。在一些地方，企业交的各种费甚至远远高于正常的税收。这是让企业苦不堪言的事。不同部门戴大盖帽的人都拿收费这把刀冲将过来，企业能受得了吗？许多企业对正常收税仍能接受（这也是它们应该履行的义务），但对乱收费却是忍无可忍。我在一些企业看到收费的记录，形形色色，触目惊心。有些企业被收费搞得连正常经营都难以为继，这只下蛋的鸡如何能活下去？

一些地方乱收费的确与财政困难相关。当然财政困难并不能成为乱收费的借口。更严重的是一些部门为自己本部门的利益而乱收费，鸡杀了，但蛋却留给自己吃了。例如，公路上汽车超载成为无法根治的痼疾。司机超载固然有为了自己多赚钱而不管安全的主观原因，但另一个不可忽视的客观原因则是公路管理部门乱收费。收费太多，拉一趟货连成本也收不回来，只好超载了。不治理乱收费，超载问题就难以根治。当年河南曾经有向经营馒头者收费的"馒头办"，山西有向有危墙的学校收费的"墙体办"。这些"办"只收费不办事。河南有"馒头办"，市场上不合格的黑馒头仍有增无减。山西有"墙体办"，学校的墙却仍然在塌。其他地方这种巧立名目的"收费办"不知还有多少。在这种情况下，企业这只鸡连正常生存都困难，哪还谈得上下蛋？

要制止这种杀鸡取卵的行为，只向那些杀鸡者讲"杀鸡其实无卵"的道理是不行的，必须逼迫他们放下手中的杀鸡刀。首先，要制止他们浪费鸡蛋的行为，不把有限的鸡蛋用于"形象工程""政绩工程"或盲目投资，否则就无法制止他们杀鸡的冲动。其次，要剥夺他们杀鸡的权力，夺下他们手中的刀。税制改革的一个重要内容是费改税，政府的收入全部来源于税收，取消各种收费。依法收税，而不能收费，收费者手中的杀鸡刀就没了。最后，还要加强监督，对乱收费者加以严惩。这些都需要制度上的改革。

古希腊那个杀鸡的人仅仅是一人之贪婪，他杀了自己下金蛋的鸡，只是自己倒霉。但今之杀鸡者却是杀能给全社会下金蛋的所有鸡。企业无法发展，我们的经济发展和人民生活水平的提高靠什么？从长远和整体看，杀鸡其实是没有蛋的，对包括杀鸡者在内的所有人都有百弊而无一利。不制止杀鸡者就是对人民犯罪。

爱国企也爱民企

《伊索寓言》中有一则寓言《两个小猴》,全文不长,看过的人却不多,现照录如下:

据说有一对猴子,同时生了两个小猴。对其中一个,母猴特别疼爱,加以精心喂养;而对另一个则十分憎厌,压根儿不予理会。岂料天命难违,那个备受关爱的小猴,被紧紧搂在怀里,活活给闷死了;而那个被弃置不顾的小猴,反倒安然无恙地长大了。

作者说,这个寓言的寓意是"凡事皆有定数,人算不如天算"。很好的一个故事,却给了一个宿命论的含义,我颇不以为然。今天我想用这个寓言来说明政府应该如何对待企业。这里母猴是政府，被关爱的小猴是国企，被弃之不顾的小猴是民企。

直至市场经济改革许多年之后，政府对国企仍一如母猴对那只备受关爱的小猴。匈牙利经济学家科尔奈把这种关爱称为"父爱主义"。计划经济下这种父爱主义实际上是兼具父亲的严格和母亲的慈爱：一方面，不让国企有独立地位，一切决策均由政府做出，企业只有听命的义务，没有自主行事的权力；另一方面，又给予企业无私的帮助，从资金到资源，无偿给予，再加上许多说不清的优惠政策。结果怎么样呢？这个猴子被"活活闷死了"，国企的效率低下是个世界性问题。如果不是到了"闷死"的地步，也不会有改革。

市场经济改革本来应该让国企在竞争中成长，只可惜母猴仍不愿放弃对它钟爱的猴子的爱，于是小猴子也就仍然不能独立。当年"二汽"想上农用车项目，不是硬让上级机关否决了吗？江西一个汽车厂的领导不也是被政府部门撤职了吗？（当然给了一个顾问的头衔，仍享受原行政级别。）小猴子付出了不独立的代价，但也得到了许多实惠。比起另一只叫民企的猴子来，它享受到了许多特权：可以得到政策上的优惠，民企不能做的事，它可以做；可以得到银行贷款，民企很难得到；可以进入资本市场发行股票或债券融资，民企也不容易进入这个市场；可以由政府赋予行政性垄断，民企要竞争尚且不公平；可以有税收等方面的优惠；等等。总之，母猴对这只小猴子的关怀可谓无微不至。

结果怎么样呢？许多国企仍然没有走出困境。怪不得吴敬琏先生感叹："由于国有企业改革长期没有取得突破，从经济资源配置的角度看，可以说改革的'大关'还没有过。"如果再不在产权明晰的基础上让国企真正变为独立决策的股份制企业，它也快被"闷死了"。

我们再来看另一只小猴——民企。民企在刚出生时受到憎恨，在一些地方受到千方百计的刁难（在一些落后地区，这种现象至今仍然存在）。现在总体上讲憎恨少了，但"压根儿不予理会"依然存在。民企受的苦比这只小猴子还要多。小猴子毕竟仅仅是不予理会，而民企却不能获得与国企同样的国民待遇。开业要经过审批，许多行业还不许进入。筹资受到限制，银行借贷困难，进入资本市场更不容易。不仅要交纳比国企重得多的税收，还有许多说不清的费，就连家委会的"小脚侦缉队"（脚都大了，作用没变）也能向民企强行摊派买国旗，或收什么卫生费。哪个家委会老太太敢到宝钢去收什么费？但要到民企就敢去。如果你让民企的小猴子们忆苦思甜，他们会讲得你两眼泪汪汪。

但是，民企也有它最大的优势——自主经营。尽管个别政府部门可以这样刁难，那样刁难，但你却不能杀死它。而它有了这种自由发展的权利，也就可以冲破一些限制，发展起来了。如今民企已是半壁江山，在浙江、广东、江苏这些经济发达地区，民企已占 GDP 的 80%，甚至 90% 以上。这只小猴尽管无人过问，但却自由地长大了。

为什么有人爱的猴子被闷死，而无人爱的猴子却健康成长起来了呢？我们总爱讲内因是主要的，外因只是条件。企业的发展也是如此。一只这也不让做、那也不让做、衣来伸手、饭来张口的猴子，无论如何也长不成强壮的猴子，不死也就是苟延残喘而已。企业又何尝不是如此？有政府关爱的国企也犹如温室中长大的花草，没有在市场竞争的腥风血雨中经风雨、见世面，哪里有竞争能力？一些国企在国内有父爱主义关怀，好不好总可以活着，甚至还活得不错，但一出国门，失去父爱就活得不容易了。爱之过深，给予过多，实际上是害了国企。

民企是没人管的野猴子，只有自己在市场竞争中寻求生存与发展。它经历过狂风巨浪，在任何困难的情况下，它只能自己救自己。它在市场经济的风吹雨打，甚至狂风暴雨中，练就了一身生存本事，并最终冲破一切障碍，成长为一只强壮的猴子。这不是命，而是历史的必然。

如果母猴子会总结经验，它应该知道，使自己两个小猴子健康成长的唯一方法，就是给它们同样的爱，同样的自由。让它们在同样的条件下自己成长。两只小猴都健康长大，这不正是母猴的幸福与成就吗？这个道理当然也适用于政府、国企和民企。

酸葡萄心态

《伊索寓言》中的《狐狸和葡萄》讲一只狐狸因为吃不到葡萄就以葡萄酸为由安慰自己。这个寓言流传极广，俄国的克雷洛夫和法国的拉·封丹都改写过这个寓言，并将其收入自己的寓言集中。"吃不到葡萄说葡萄酸"也逐渐成为一句成语。这说明狐狸的"酸葡萄心态"其实是人性的一个弱点，永久而普遍地存在。

"酸葡萄心态"出于人类妒忌的天性，任何人都难免。如果仅仅是一些人的心态，或者没有变为行动，也不算什么，谁心中不会闪过一点邪念呢？但如果它成为社会的共同心态，而且变为行动，那就危险了。这种心态会毁了一个人，甚至一个社会。

在传统社会中，大家共同贫穷，酸葡萄心态也存在，但主要还是个人对个人，诸如别人长得漂亮，自己不行，就把美女称为"狐狸精"，甚至发展出"红颜祸水"或"败家出秀女"之类安慰丑人的话。但这还无碍大局。在社会转型过程中，一部分人迅速致富，另一些人相对贫困下去，这时"酸葡萄心态"成为后一种人的共同心态，于是有了"为富不仁"的观念。这种观念变为社会行为就是"杀富济贫"。在一些地方，公众哄抢或破坏合法致富者的财产，甚至伤害致富者的生命，就是这种心态的爆发。

当这种仇富的酸葡萄心态仅仅是个人行为时，还可以用法律手段来制止。但当这种心态成为一种社会普遍现象，并得到公开或默契的承认时，问题就严重了。现在普遍存在的民营企业"原罪"说正是这样一种酸葡萄心态。尤其是河北省居然以政府的名义提出"赦免原罪"时，"原罪"说就得到了官方公开的承认。"赦免"的前提当然是"原罪"的存在，没有"原罪"，哪有赦免或严惩之说？政府文件把本来只处于非正常状态的心理状态正式化了。无论决策者的愿望多么善良，其结果在客观上只能助长并不正确的"仇富心态"，恶化民营企业的发展环境。

有些"酸葡萄心态"是可以理解的，如人们对美女的忌妒。但原罪这样的酸葡萄心态并不正确，因为根本不存在所谓"原罪"。

原罪是指与生俱来的罪行。《圣经》中把亚当与夏娃受蛇的诱惑产生情爱作为原罪。情爱产生于人性，后来人们就把与生俱来的罪称为原罪。说民营企业有"原罪",是指它们靠犯罪而致富。这种看法显然不是历史事实。公正地说,民营经济的产生与发展是改革开放的结果。在改革之初,一些能及时抓住机会而又有胆识、有能力的人在国有经济的夹缝中创立了民营企业。这些企业弥补了国有经济的不足,在当时物质短缺的情况下,生产出社会需要的产品,再加上政策支持,从而获得成功。民营企业产权明晰,机制灵活,又能适应市场的变动而及时调整自己,它们的成功在情理之中。随着民营企业的成功,出现了一批当时被称为"万元户"的富人。应该承认,绝大多数民营企业都是靠正当经营发展起来的,绝大多数民营企业家都是合法勤劳致富的。"原罪"说不顾这一事实,是对历史的扭曲。

我们并不否认,一些民营企业钻了法律和政策不完善、甚至失误的空子。但是,判断一种行为是"罪"还是"非罪"取决于当时的法律。有些原始部落曾有过杀掉老人与残疾人的行为,但没有人按现行的法律给他们定罪。在任何一个社会中,法律都不会十全十美,利用法律的不完善之处,并不是犯罪。在许多国家,都存在"合理避税",这绝不等于偷税漏税罪。民营企业许多现在看来犯罪的行为在当时并不是犯罪,过不在他们,而在立法。至于利用改革过程中的一些政策,如价格二元制等,更谈不上是罪。

"原罪"说之所以普遍存在,原因也是复杂的。一方面,我们应该承认，有少数民营企业是犯法起家的，如走私、制假、行贿等，也有少数人是犯法致富的，如赖昌星等。但我们不应该扩大这种现象，把它作为民营企业发展的普遍规律，也不应该以这种眼光去看待所有富人。另一方面，"原罪"说也产生于"酸葡萄心态"。改革开放之前，大家处于共同贫穷状态，但改革开放之后收入差距拉大了，人们财富的相对地位也随之发生了变化。成功致富的毕竟是少数人，他们住洋房、开汽车自然会引起一些人的妒忌。一些人只看到了富人成功后的结果，而没有看到他们白手起家奋斗的过程。这些人心理失衡，难免产生酸葡萄心态，指责富人"为富不仁"，用"原罪"来安慰自己，求得阿Q一样的心理满足。20世纪90年代初的民意调查发现，80%以上的人认同"为富不仁"。这种情况现在已有所好转，但已成某种共识的"原罪"说的广泛流传，也说明酸葡萄心态之普遍。

民营经济的发展对我国经济做出了重大贡献，我们以后还要大力发展民营经济。为民营经济的发展创造有利条件并不是赦免原罪，而是不要给它们加上莫须有的罪名。法律不能禁止人们对民营企业有这样、那样的看法，也不能消除出于本性的酸葡萄心态，但它可以保护民营企业的合法权益，让酸葡萄心态不致变为酸葡萄行为。

平等与效率难两全

世上的事情总是难以两全其美的。苏东坡就感叹：人有悲欢离合，月有阴晴圆缺，此事古难全。古代希腊人也有此同感，不过他们是用寓言来表示的。《伊索寓言》中的《父亲和他的两个女儿》讲的就是这个道理。

某人有两个女儿，一个嫁给菜农，一个嫁给陶工。他去探望嫁给菜农的女儿，问她日子过得如何。她说："一切称心如意，只是祈求老天立即刮风下雨，使蔬菜得以及时浇灌。"不久他又去看望嫁给陶工的女儿，问她日子过得如何。她说："万事完美无缺，只是祈求上苍确保风和日丽，使坯子得以迅速干燥。"老人感叹，你巴望天晴，而你姐企盼下雨，我这当爹的该为你们哪一个祈求呢？作者说，这则寓言的寓意是："二事格格不入，欲求兼而为之，势必左支右绌，导致一无所成。"

作为一个社会也经常会遇到这种两难处境，平等与效率就是一例。

在任何一个社会中，由于个人的能力、努力与机遇以及社会制度的不完善，人与人的收入和权利总不能是平等的。所以，平等就成为广大被统治者和弱势群体的强烈要求，也成为许多政治家、社会改革者和思想家的追求。但每个人对社会所做出的贡献又的确不同，给贡献不同的人以平等的收入，社会就缺乏激励机制，效率低下，结果处于一种平等的、共同贫穷的状态。改革开放前的中国，社会收入分配相当平等，基尼系数仅为 0.17 左右。但那时候，整个社会都处于贫困状态，许多人连饭都吃不饱。改革开放之后实行了"让一部分人先富起来"的方针，经济迅速发展，全国人民的生活水平都有了不同程度的提高。但收入分配差距也随之扩大，基尼系数已达 0.454。

每一个政府都希望同时实现平等与效率，正如老人希望两个女儿都如愿一样。但事实上，正如下雨和天晴不可能同时实现一样，要同时实现平等与效率也几乎不可能。要提高效率就难免有不平等，要实现平等又要以牺牲效率为代价。这就跟要有利于嫁给菜农的女儿就会有害于嫁给陶工的女儿，嫁给陶工的女儿受益，嫁给菜农的女儿必定受损失一样。经济学家把这种平等与效率之间的矛盾称为社会面临的重大权衡取舍。

老人面临这种两难困境觉得无法解决，其实世界上的事情并非绝对对立，老人不能做出最优选择，却可以做出次优选择。同样，社会也可以在平等与效率的矛盾中找出一个次优的解决方案。

老人的解决方法之一是让两个女儿权利平等，或者不为任何一个女儿祈祷，或者同样诚心地为两个女儿的心愿祈祷。权利的平等是一种最重要的平等。社会在实现平等中首先是要让每个人都享有平等的权利。在许多社会中，不平等往往来自权利的不平等。历史上的许多政府往往偏爱一些人，而压制另一些人。它们给一些人以特权，这就引起收入不平等。美国社会长期以来黑人的收入低于白人，这不能不说是歧视黑人的结果。在20世纪60年代之前，这种白人与黑人的权利不平等是写在法律上的，60年代之后这些法律取消了，但事实上的歧视却并没有完全消除。我国当前城乡收入差距扩大，其重要原因还在制度上，城乡二元结构用户籍制度固定下来，城乡公民在受教育、就业、享受社会保障等方面存在权利的事实上不平等。因此，实现平等的关键首先是使所有的人都能享受到平等参与经济活动和竞争的权力。

在平等和效率上还是要效率优先。一个社会如果没有效率，共同贫穷，平等是没有意义的。这种平等早在人类初期的原始社会就实现了,但谁想回到原始社会呢?对这位老人来说,他应该算一算哪位女婿的生产率高,是菜农收入多,还是陶工收入多。他的祈祷应该偏向生产率高的一方。这种生产率在很大程度上取决于菜农和陶工的能力、努力程度和市场机遇。为效率高的一方祈祷,效率高的一方的收入增加大于效率低的一方的损失,总体是有利的。一个社会也必须关注效率,如果收入差距扩大有利于效率的提高,就应该允许这种不平等存在。"让一部分人先富起来"正是要鼓励那些效率高、对社会贡献大的人。只有这些人受到激励,发挥自己更大的能力,才能实现共同富裕。

当然,这位老人还可以用再分配的方法解决两个女儿收入不平等的问题。这就是让效率高、收入高的一方享受上天的帮助,把它的一部分收入给予另一方。就社会而言,这就是政府通过收入再分配政策,维持一定程度的社会平等。按照累进所得税的方式向富人收税,把这些钱用于低收入者的社会保障和社会福利。这种政策的结果不能是绝对平等,但它却保持了一种社会可以接受的不平等。

社会上的许多事情都像这位老人面临的祈祷困境一样,难以两全其美。但社会不能像老人一样束手无策、无所作为,而是应该找出一种次优解决方法。有了这种认识,平等与效率就可以兼顾了。

让雨下在最需要的地方

公共教育支出增加了,但这必定是为教育做了好事吗?先看看克雷洛夫的一个寓言。大片乌云掠过被干旱弄得疲惫不堪的土地,却没有降下一滴缓解饥渴的雨,而将大量雨水倾进大海,并对高山夸耀自己这一慷慨的义举。高山说:"你用这种慷慨究竟做了什么好事?你要是把雨水倾泻在田野里,你会从干渴中拯救一大片庄稼地;而大海,它的水不用你帮忙也绰绰有余。"

教育经费的使用也有点像乌云降雨,把资金用于并不缺钱的高等教育,尤其是名牌学校,而迫切需要经费的中小学基础教育,特别是快干渴而死的落后地区农村中小学教育却得不到必要的经费。增加教育经费没错,但更重要的是把教育经费用在哪里。

根据经济学理论,人力资本是一国生产力的重要组成部分。人力资本的主要来源之一是教育。但不同的教育层次对社会的利益和个人的利益是不同的。对整个社会而言,普及教育的收益率最高。一个社会经济起飞的重要条件之一是全民普及基础教育。许多今天的发达国家在当初起飞时,成人识字率(相当于小学文化)已达70%,甚至80%以上。教育水平提高为经济发展提供了有文化的劳动者,他们可以更快地掌握各种技能。而且,全民的普及教育也提高了整个国民的素质,包括文化与道德素质。这也是经济成功的重要条件。但是,在全民普及教育的情况下,基础教育对个人的利益要小于社会利益,因为受过基础教育的人以收入水平而言仍处于最低层次。

高等教育对一个社会也是极其重要的,经济发展中的各种高级管理与技术人才要由高等教育培养。而且,高等教育是国家科学与技术进步、进行创新的重要力量。对个人而言,接受高等教育则会带来更多的利益,因为他们在社会上属于稀缺资源。据美国的统计,从20世纪50年代到80年代,大学毕业生与高中毕业生的收入差距扩大了一倍多。这说明高等教育的个人收益率上升相当快。

由于这种不同的收益率，国外对高等教育和普及教育采取了不同的政策。高等教育既有公立体系也有私人体系，但无论哪一种高等教育，个人都要承担部分教育费用，即要收费上学——而且是按学校的教育质量不同来收费。美国私立名牌大学一年的学费在2万～3万美元，甚至更多。私立学校的经费主要来自自筹（也有国家拨款部分），公立学校的经费主要由政府拨款（也有自筹部分）。基础教育是以公立学校为主，私立学校相当少。公立学校学生免费，经费全部由政府拨款。政府首先应该保证基础教育所需的经费。

我国的教育投入一直不多，按在 GDP 中所占的比例，在世界上甚至低于许多发展中国家。应该说，无论高等教育还是普及教育，都缺乏经费。正如大海和农田都需要雨水，但乌云却只有一块，这就有一个把雨下在哪里的问题。这里的标准应该是把教育经费用在社会效益更高以及更缺经费的地方。

从经济发展的状况而言，增加基础教育的社会效益会更大。在加入 WTO 之后，我们应该作为制造业大国进入世界。我们现在发展制造业最缺的就是技术工人。专利可以购买，技术可以引进，但技术工人必须自己培养。而且，技术工人的短缺已经制约了制造业的发展。技术工人的基础是基础教育，没有接受过良好基础教育的人很难培养为技术工人。所以，发展基础教育、培养更多技术工人是收益率极高的投资。

另一方面，在现代化的过程中，提高农民收入也已成为当务之急。农民收入提高的主要方法还是进入城市成为技术工人。农民工在城市工作难找、处境困难有许多原因，但最主要的还是文化水平低，无法适应用人单位的需要，即使学一点简单的技术都不容易。普及教育所带来的农民收入增加也是极大的社会收益。

与高等教育相比，普及教育的资金缺口更大。总体而言，高等教育由国家或省划拨经费，还是有保证的。而且，许多高校本身都有创收的能力。他们办企业，举办各种高收费的EMBA或MBA教育，都有相当可观的收入，可以保证高等教育正常运行。相反，基础教育经费主要由县、乡，甚至村财政支付。许多落后地区和农村，连正常行政运行都困难，哪有钱发展基础教育？基础教育没能力，也不应该赚钱。他们的经费唯一来源就是财政，因而当地方财政困难时，就只好向农民收钱，这也是乱收费的原因之一。你只要看看高校和中小学的校舍，对比一下大学和中小学教员的收入就知道，谁更缺经费了。

政府把大量经费投入高等教育，仅一些国家级名牌大学就额外得到十几亿元经费，而国家贫困地区的教育却难以为继。大海缺一场雨，仍然是大海，但干旱的土地缺这场雨就有生存危机了。想一想高山说的话，把雨下到农田，就是把教育经费用在基础教育上，而且是最需要雨水的土地——农村落后地区的基础教育上。

政府不能包打天下

社会是有分工的,应该各司其职。如果做自己不该做的事,就会适得其反。克雷洛夫的寓言《狗鱼和猫》讲的就是这个道理。

牙齿锋利的狗鱼突发奇想,要去干猫的行当。它要求猫带它到谷仓捕食老鼠。猫劝它,隔行如隔山,小心出洋相,狗鱼不听。它们来到谷仓,猫吃饱了。狗鱼却半死不活地躺着,嘴巴大张着,尾巴已被老鼠咬去。猫只好把半死的狗鱼拖回水塘里。克雷洛夫说:"最糟糕的是让馅饼师傅去修鞋,而让鞋匠去烤馅饼——事情绝对搞不好。爱干外行事的人总是性格顽固爱胡闹，他们宁可把事情弄砸，宁可成为人们的笑料，也不愿去请教诚实而懂行的人，不愿听从明智的劝告。"

正如动物中猫的工作是抓耗子，狗鱼的工作是捕鱼一样，政府和企业也都各有自己的职责，经济活动应该由企业进行，政府的职责则是维护市场经济的正常秩序。如果政府非要像狗鱼一样去抓耗子，其结果也不会比狗鱼强多少。

市场经济中企业是经济活动的主体，它们有权以利润最大化为目标来使用自己的资源。企业内有追求利润的动力，外有市场竞争的压力，会有效地使用自己的资源，这就提高了效率。它们及时捕捉市场信息，适应市场需求进行生产，并按价格变动及时调整生产，这就满足了社会需求。企业在实现自己利润最大化的过程中也增加了社会福利。市场经济的原则是能交给市场做的尽量交给市场，企业完全可以有效地从事经济活动，市场调节可以实现供求平衡，因此，经济活动不必政府参与，正如猫可以有效地抓耗子，狗鱼不必参与一样。

但企业也有做不了的事，这时就需要政府来履行自己的职责，弥补市场调节的不足。这首先是通过立法和执法来维护市场经济的正常秩序。市场经济应该是一个法治经济。只有法律维护正常的社会秩序，企业才能有效地从事各项经济活动。立法与执法是企业或是其他个人或团体所不能从事的，只有靠政府来承担。市场经济正常秩序的核心是保护私有财产和维护公平竞争，这也是市场经济国家立法的核心。同时，政府还要依法对企业的经济活动进行必要的管制，例如，对进入市场的药品和食品实行资格审查，对垄断者的行为进行限制等。

在市场经济中，企业无法提供国防、教育、基础科学研究这类公共物品。政府应该通过税收筹资来提供公共物品。政府还应该用收入再分配政策调节个人收入差别，实现公正。另外政府也需要运用财政政策和货币政策来调节宏观经济，实现稳定。总之，市场经济离不了政府，政府可以做而且应做的事还是不少的。

如果政府和企业各司其职，市场经济就能正常发展。但有些地方政府总受计划经济思想的影响，认为自己能包打天下，做好一切事情，这就犯了狗鱼一样的错误。其中最大的错误就是政府和企业一样去从事各种经济活动。在计划经济下，国有企业完全听命于政府，从事经济活动成为政府的主要任务。在转向市场经济的过程中，尽管国有企业进行了股份制改造，但它却仍没有成为独立的经济主体。它的人事任免、重大投资决策、兼并或停产等重大决策仍然要听命于政府。政府仍然是经济活动的主体。

狗鱼抓耗子的错误在于它不会抓耗子。政府控制企业，从事经济活动的错误也在于它不会搞经济。计划经济下国有企业效率低下正在于政府不懂经济而去搞经济。今天许多国有企业仍然走不出困境也在于政府仍然以这些企业的主人自居。政府管企业，企业没希望，这是中外历史所证明的真理，正如狗鱼抓耗子，必定失败一样，政府管企业，政府从事经济活动是做了自己不该做，也不能做的事。狗鱼抓耗子就无法去捕鱼。同样，政府做自己不该做的事，就无法做好自己该做的事。当前一些地方经济秩序混乱正是政府的失职。无论是经济活动中缺乏诚信，还是假冒伪劣产品横行，无论是劳动者不能按时领到工资，还是盗版活动日益猖獗，都反映了市场秩序的缺乏。维护市场正常秩序是政府义不容辞的责任，可惜当政府把精力用在经济活动上，热衷于投资上项目，热衷于对企业指手画脚时，这些该做的事就没有精力去做了。

克雷洛夫推测狗鱼去抓耗子"不知是魔鬼点燃了它的嫉妒心，还是因为天天吃鱼腻得慌"。这就是说，狗鱼抓耗子是有自己的利益动机的。政府不努力维护市场经济而是搞经济、抓企业，也有自己的利益动机。说得好听一点是为了发展经济，说得难听一点就是个别官员想以权力搞经济，谋取个人私利。但是无论出于哪一种动机，结果不好就不能证明动机好。

像我们这样由计划经济转向市场经济的国家，市场化改革成功的关键是政府职能的转变。这就是要从全能的大政府变为有限的小政府，由控制经济变为服务于经济。狗鱼在抓耗子失去尾巴后，乖乖地回到了池塘，但愿政府在总结自己从事经济活动的失误之后也能回到自己本来的职能上。

良好动机的恶果

中外文学作品中都不乏好心办坏事的寓言。《克雷洛夫寓言》中有一则《隐士和熊》，说的是一位隐士与一只熊交了朋友，熊对隐士关爱有加。一次隐士睡觉时，有苍蝇落在脸上。熊赶不走苍蝇，于是就用石头去砸隐士脸上的苍蝇。不用说，苍蝇跑了，隐士死了。

克雷洛夫生活在18～19世纪，与他同时代的清代文学家乐钧在其笔记小说《耳食录》中也讲了一个类似的寓言。说的是有个人很讨厌苍蝇，整天用木棒追打。一天苍蝇落在父亲头上，他勃然大怒，抡起木棒就打。结果，苍蝇跑了，父亲死了。

这两个寓言都讽刺了那些动机善良但却办了坏事的人。他们的悲剧在于，出发点绝对正确，但做事的结果却极其坏。

现在有一些地方基层干部与农民关系紧张，这里面的原因是多方面的，如个别基层干部腐败、农民负担过重、干部工作态度粗暴等。还有一个原因则是出于使农民脱贫致富的良好动机而干了一些损害群众利益的事。例如，让农民种某种作物，农民不愿意种就强迫，甚至动员警察去毁坏农民已种好的其他作物，结果这种作物供大于求，卖不出去，损失由农民承担。再如，集资修建公路等基础设施，说起来"要致富先修路"，动机不坏，但负担超出了农民的承受能力。所修的路又太超前，起不到应有的作用，成了修路致贫。还有的地方集资办厂，或者向老百姓收钱，或者向银行贷款，但却既不了解市场又没有技术。成功者极少。老百姓的钱浪费了，地方政府还负债累累。

这些事大多发生在基层，所影响的还是一村、一乡，顶多一县。但还有些动机更好，官更大的好人，所做的好事恶果就严重了。不少中等城市投巨资（十几亿以上）修建机场，结果效益极差。这种情况已被点名的就有珠海、福州和阜阳。主持这三项工程的领导人中，除当年任阜阳市委书记（后任安徽省副省长）的王怀忠因贪污罪（不是修机场投资决策失误）被处死刑外，其他人还都被提拔或善始善终了。还有的人以"搞好国有企业"为名，今天逼国企迅速扩张，明天又逼国企"强强联合"，搞来搞去，把本来还有希望的国企都给搞死了。这都和熊打死隐士，儿子打死老子一样。谁能怀疑熊和儿子的良好动机？

仅有良好的动机而没有良好的结果也会让人怀疑他们的动机。那些打着"为民致富"旗号的人是否有创造自己的业绩、为晋升创造条件的个人动机？投资失误是否也有个别人像王怀忠那样自己捞一把呢？世界上毕竟很少有熊那么笨的人。在崇高的目的背后也未尝不夹带一点个人的"私货"。棒打父亲的儿子更多就出于自己对苍蝇的恨，"解心头之恨"就是一种个人动机。

动机这东西有点说不清，杀死许多老人的英国魔鬼医生还说自己的动机是帮这些有病的老人脱离尘世苦海呢！但无论如何，这世界上做坏事的并不全是动机歹毒的坏人。哈耶克把坏事分为坏人做的坏事和好人做的坏事。他的结论是好人做坏事比坏人做坏事可怕得多。而且，世界上最坏的事都是好人做的，而不是坏人做的。

坏人是那些一开始做事时动机就歹毒的人，比如图财害命者。这些人明知道自己做的是坏事，做起来自然胆子不那么大，也放不开，所以也就总是偷偷摸摸，怕被人发现。有时太大的坏事还不敢做，只敢小打小闹。这样，所做坏事的影响也就有限。而且，人们对坏人做坏事是保持高度警惕的，总会发现并制止他们的罪恶。总之，坏人做坏事，自己心中有鬼，又有别人监督，做不出什么惊天动地的坏事来。

好人就不同了。他们从善良的动机出发，认为自己的动机崇高得很，或者救苍生于水火之中，或者为福一方，所以做起坏事来毫无顾忌，胆子极大。这样的好人又有献身精神，干起活儿来不要命，甚至把良好的动机作为"核动力"，可以做出极大的坏事。而且别人往往也把他们作为救世主一样的好人，不仅不监督他们，还自觉地帮他们做这些坏事。结果坏事越做越大，其坏影响远远大于坏人所做的坏事。

这两个寓言中的好人也是这样。熊如果想害隐士，胆子就没那么大。儿子如果想害老子，还会惧怕法律。正因为他们心底无私，动机善良，才做出了杀人的坏事。如果隐士和老子知道熊和儿子动机不好，大概也会早防一手，也就没有这种悲剧了。

判断动机好坏的标准是结果。结果不好，难称其动机好。好心的人们，要记住老人家的这句话，做事时先问问会有什么结果。

弱势群体的平等权利

在角落里悄悄开放的矢车菊突然打蔫儿失去生气，它祈求东方早露曙光，火红的太阳普照大地，让它免于死亡。刨土的甲虫说，太阳不会关注你，既没时间也不热心，太阳只用自己的光和热，温暖着高大的橡树和雪松，用自己灿烂的霞光，给芬芳的花儿穿上美丽的衣裳。可是太阳升起来后，百花女神所有的臣民都沐浴在和煦的阳光里，夜里已经枯萎的矢车菊，也在太阳的照耀下重获生机。作者说："啊，那些有幸居于高位的人们，愿你们效法太阳的精神！瞧，只要光芒能及，它总是让万物都得到欢乐和幸福，对雪松和小草一视同仁。为此它受到普遍的赞颂，就像水晶那纯净的光芒一样,闪耀在世上万物心中。"

这是《克雷洛夫寓言》中的《矢车菊》。我们把太阳比作政府,雪松比作强势集团,矢车菊比作弱势集团,这个寓言就有了新的含义。

阳光普照大地,每种生物,无论是高贵的雪松还是弱小的矢车菊都应该有享受阳光的平等权利。同样,政府的立法也应该保证每一个公民的平等权利,无论是强势群体还是弱势群体。传统社会的特点是公民权利的不平等——这种不平等可能产生于遗传、家庭、阶级、职务或财产——一些人总比另一些人有特权,这种不平等阻碍了经济发展。市场经济是一个权利平等的社会,这就是天赋人权的含义。市场经济的活力来自竞争,而只有权利平等,才有真正的竞争。竞争的结果,每个人使自己的资源得到最有效的运用,生产力才会提高,社会财富才能增加。市场经济正是从追求权利平等的政治革命开始的。

当然,每种生物都有享受阳光的平等权利,但成长的结果,各自的大小强弱却并不同。这是一个生存竞争的过程。在社会中,每个人的能力、努力程度不同,机遇也不同,所以,平等竞争的结果就是收入的不平等。平等的权利不能保证得出平等的结果。社会终会有强势群体和弱势群体,但社会不能像自然界那样完全由各种生物自生自灭。人来到世界上就有他生存的权利,所以,某种程度的平等一直是人类社会所追求的目标。

社会不平等仍然产生于享受阳光的不平等。权利平等是一个过程，当我们刚刚从计划经济转向市场经济时，仍然存在一些权利上的不平等。这种不平等有些来自制度，比如城乡二元的户籍制度，一些地方明文规定的民工不得从事某些行业与职业的制度，等等。但更多的情况还是制度上权利的平等难以变为现实的权利平等。比如，宪法保证了每个公民都享有平等地接受义务教育的权利，但不同地方的公民所能得到的义务教育实际上却是不同的。这个问题不仅中国有，就连美国这样发达的国家也有。据美国学者调查，白人富人区孩子所受到的公立学校教育要远远好于黑人贫民区的孩子。这是一种名义上的平等权利，但在事实上却成了权利的不平等。这种实际权利的不平等导致不同的人市场竞争能力不同、收入不同。

其实，即使阳光普照每一种生物，但每种生物由于自身的特点，所得到的阳光事实上也并不一样。高大的雪松当然能得到更多的阳光，而矮小的矢车菊实际上得到的阳光十分有限。在任何一个社会中，无论权利如何平等，总会形成强势群体与弱势群体。强势群体拥有更多的资源，也有更多的话语权，所以他们往往更能保护自己的权利。他们享受到的阳光也就更多。弱势群体由于本身的条件所限，有时连自己的合法权利都保护不了。欠薪的事情只发生在民工身上，而不会发生在高层管理人员身上，就是因为前者是弱势群体，后者则属于强势群体。在美国，受歧视的也往往是黑人中的贫穷者，而不会是白人中的富裕者。

我们说矢车菊更需要阳光，首先是指他们享受平等权利的权利应该更多地得到保护。立法中每个人的权利当然应该是相等的，弱势群体不应有任何法律赋予的特殊权利。但强势群体的权利不易受到侵害，他们也有能力自我保护，而弱势群体的权利则容易受到伤害，而且他们缺乏保护自己权利的能力。这就需要政府帮助他们，媒体关注他们。保护人权，首先要保护弱势群体的人权。以人为本，要以关心弱势群体的利益为重点。

不过即使弱势群体得到了法律上与事实上的平等权利，他们在收入上也很难与强势群体平等。这种收入不平等是任何社会都存在的。矢车菊更需要阳光的另一种含义就是要给这种弱小的植物多施点肥。这种帮助从短期来说是解决他们的实际困难，例如，失业和贫困补助；而从长期来说则还是要提高他们自身的能力，例如，给他们更多受教育的机会。但无论长期或短期，都要保证他们的基本生存权，并使他们的生活随社会进步而不断改善，这就是社会保障与社会福利制度。

克雷洛夫的这则寓言反映了他对弱势群体的关注，这是文人最可贵的人文精神。即使在今天，甚至永远，这种精神也不会过时。

法律不是稻草人

克雷洛夫对法律不惩罚犯罪者的现象深恶痛绝,单就有关这一问题的寓言就写了两篇。一篇是《狗熊照看蜂房》,讲百兽推举爱吃蜂蜜的狗熊看蜂房,结果狗熊监守自盗,把所有的蜂蜜都往自己窝里搬。事情暴露当然要受惩罚,百兽罚它在窝里禁闭一个冬天。本来熊就要冬眠,蜂蜜又不用还,受罚的熊日子过得挺舒服。另一篇题为"狗鱼"。说一条狗鱼罪大恶极,要对其进行审判,但把接受过狗鱼送的鱼的狐狸任命为检察官。起初狗鱼被判吊死在树上,后来又接受狐狸的建议,改判为扔到河里淹死。判鱼淹死大概是克雷洛夫才有的幽默。

但千万别只把这两个寓言当故事，它实在是发生在我们现实生活中活生生的事实。

年年"3·15"，假冒伪劣产品却有增无减。年年打击票贩子，个个票贩子都盖了新房。究其原因，还是因为用了惩罚熊的方法。且不说有个别地方政府保护，即使打假也是形式上的，抓住的概率并不大，即使抓住了，坐牢不够，罚款还有上限。罚点钱算成本，收益还是远远大于成本，没有良心的人何乐而不为——现在这种没有良心的人又太多。

市场经济是法治经济，没有法律，市场无秩序，但如果法律打击的力度不够，或者有法而不依，法律成了稻草人，又有谁怕？怪不得一些犯罪分子说，苦了我一个，幸福全家人。赚了黑心钱，不会被罚没，只要自己吃几年牢饭，又可以和全家人过幸福日子，犯法岂不是收益大于成本了？

任何一个社会的经济秩序都是靠法律惩罚出来的，而不是靠甜言蜜语的道德说教劝出来的。想当年英国市场经济初期，假冒伪劣横行，借钱不还相当严重。但法律严厉而且得到认真执行，造假者被罚得倾家荡产还会坐牢。欠钱不还者不仅抄家，还要住债务人监狱。就是这样的惩罚造就了一个文明的英国。现在去过新加坡的人都会为它的文明程度所叹服。但谁都知道，这种文明是罚出来的。吐一口痰要罚5000新元，谁去冒这个险？当违法的成本远远大于收益,而且这种成本是实实在在的时,哪个理性人还会去找这份不痛快呢?记得北大已故教授陈岱孙先生常讽刺我们对犯罪分子的惩罚是"三娘教子"中唱的:"我把鞭子高高举起,轻轻打下。"很多年过去了,这种状况似乎并没有多大改变。要不这些年的造假为什么更多了呢?

法律是要保护公众,维护正义与秩序的,如果法律规定的惩罚太轻,哪能有威慑力呢?如果已有的法律仅仅是装样子的稻草人,哪个人会像鸟儿一样不辨真假呢?法律对熊的宽容,就是对百兽的犯罪。在严格立法与执法问题上不存在宽容问题。

"狗鱼"的寓言还涉及另一个问题——执法者的腐败。现实中接受狗鱼送鱼的狐狸并不少。狐狸受了贿,设法把狗鱼判为投入河中淹死。法官受了贿,就轻判犯人,或大罪化小、小罪化了,实在没办法就判个缓刑。人们经常发现,一些当官的或黑社会大小头目,罪犯得不小,但最终都以缓刑了事,仍可以出来为害一方。如果深究其原因,则是执法者成了接受鱼的狐狸。

法律惩罚力度不够,执法不严,加之个别执法者的腐败,是当前经济秩序混乱的主要原因——狗熊依然可以监守自盗,狗鱼还可以为非作歹。如果任由狗熊和狗鱼及其帮凶狐狸们这样继续下去,善良的动物就都要倒霉了。

其实解决这个问题并不难,关键是要下定决心。我们的许多立法并不符合当前市场经济状况的需要。乱世用重典,这是一条普遍规律。针对目前市场经济秩序混乱的状况，应该修改相关法律，加大对造假等违法行为的打击力度。基本原则应该是使违法者所付出的成本远远大于收益，或者更准确地说，应该是只有成本，没有收益。而且，立法要能实施，还要具体，有可操作性。把严格立法公布出来，本身就具有威慑力。

当然，如果有法不依，法律就是稻草人。所以，在某种意义上说，执法比立法还重要。我们并不是没有立法，但往往是有法而难以实施。如果没有人对市场进行日常的产品质量检验，只是运动式地突击一下，有谁知道到底有多少伪劣产品流入了市场？所以，建立一支高效、廉洁的执法队伍对建立正常的市场经济秩序至关重要。应该精简那些可有可无的行政部门，扩大执法部门。精简机构不能一概而论。

如果执法机构中接受了狗鱼礼物的狐狸多，那么，再好的法律和再多的执法人员也没用。把狐狸清除出去，已成为当务之急。制度化反腐，不仅适用于公务人员，而且首先适用于执法者。执法者也应该受到监督机构和社会舆论的监督。

克雷洛夫在200多年前提出的现象至今在我们的社会中仍然存在。200多年了，我们有了多少进步？想这个问题比读寓言要沉重多了。

"狐狸盖鸡舍"现象

经济学家强调规则的重要性。把经济活动比之于游戏,没有游戏规则,游戏就无法玩。但在现实中,为什么有规则,游戏仍然玩得无序呢?我想起了克雷洛夫的寓言《狐狸建筑师》。

这个寓言讲的是一头狮子特别喜欢养鸡,但鸡舍不好,总是丢鸡。狮子决定请最好的建筑师狐狸来建一个坚固的鸡舍。鸡舍建得极为精美,看起来固若金汤,围墙又高又严密,但鸡仍然一天天减少。原来狐狸就是偷鸡贼,它把鸡舍盖得非常严实,谁也进不去,但却把一个秘密通道留给了自己。

狮子的鸡舍不起作用,是因为错误地选择了偷鸡者狐狸为设计师和建筑师。

狐狸建鸡舍的目的是要剥夺其他动物偷鸡的可能，而让自己有排他性偷鸡权。现实中的一些规则不起作用，也是因为规则的制定者是利益相关者，他们的目的是不让别人染指自己的利益，维持自己的垄断地位。这些利益相关者就是行政性垄断部门。

在市场经济中，需要规则的是从事经济活动的企业和个人，供给规则的是立法机构。要使规则能公正地维护经济活动的正常秩序，从事经济活动者和制定规则者一定不能是同一主体。这正如运动场上，裁判员和运动员不能是同一人一样。如果运动员兼任裁判员，这岂不和偷鸡者狐狸兼任鸡舍建筑师一样吗？在现实中，兼任规则制定者和经济活动者的现象仍然相当严重。这就使得所制定的规则和对规则的实施被用于维护自己的垄断权力，维护自己的特殊利益。这种规则给自己留下了偷鸡的机会，又阻断了其他人偷鸡的可能，能有正常的市场竞争秩序吗？

在邮政、民航、电信这类行政性垄断部门中，"狐狸建鸡舍"的现象就相当严重。例如，在有些地方邮政部门的法规中，禁止非邮政部门从事报刊发行工作，禁止报刊亭出售不通过邮政部门发行的报刊。这种法规并不是保护消费者，而是保护自己部门的特殊利益，由它垄断经营报刊发行业务，即使质次价高，报刊生产者和消费者也不得不接受。别人胆敢从事这一行业，它就用法规的武器进行毁灭性打击。这种法规与狐狸建了一个自己偷鸡方便的鸡舍有什么差别呢？民航部门对人为原因引起的误机甚至取消航班，不但不赔偿乘客由此引起的损失，有时连食宿也不妥善安排。你要去找他们，他们会以没有相关规则为借口，即使上了法庭，消费者也会由于无法可依或规则条款不明确而败诉。民航总局迟迟不制定惩罚民航公司这种侵害消费者权益的事情，不也是为了自己的利益，而不把这条留给自己的通道堵上吗？以前信息产业部的领导公然禁止手机单向收费，禁止各电信公司之间的价格竞争，不也是为自己的整体利益而制定规则吗？克雷洛夫在两百多年前讲到的"狐狸建鸡舍"现象在今天如此之普遍，恐怕是他老人家没有想到的。

狮子请狐狸建鸡舍是出于它的无知，用经济学术语说是狮子与狐狸之间的信息不对称。所以，这个问题并不难解决。一旦狮子知道了狐狸的偷鸡本性，就会从维护自己的利益出发，炒掉狐狸。

我们实现市场经济之路不同于西方。西方是从封建经济的解体中形成市场经济，我们是从计划经济转为市场经济。在前一种情况下，市场经济是自下而上自发地形成的，在后一种情况下，市场经济是由上而下有计划地形成的。在计划经济之下，政企是合一的，一切由政府说了算，裁判员与运动员为同一主体，行业的主管部门也是经营者。那时，部门利益并不突出，加之有中央的统一计划，不用自负盈亏。狐狸盖鸡舍时想到偷鸡的也不多。但在转向市场经济时，国家不统包统分了，都讲究经济效益，或者说，你得到多少鸡就吃多少鸡。因此，部门利益突出，"偷鸡"有了激励。这时，这些有权盖鸡舍的部门（即规则制定者）就有可能为自己偷鸡方便而留下通道。由此看来，要想不让利益相关者制定规则和执行规则，首先要把行政职能与经营职能分开，让行政主管部门作为政府监督和执行规则的部门，让从事经营活动者成为真正的企业。其实这就是我们讲了二十多年的政企分开，或者说得更准确点就是政企彻底分开。

如果狐狸没有偷鸡的动机，鸡舍一定能盖好吗？那也不一定。比如，偷鸡的黄鼠狼可能给狐狸一点贿赂（如狐狸一直想吃的葡萄）让狐狸留下通道。因此，要让狐狸建起好鸡舍，还需要有监督，例如，由公正而不爱吃鸡的羊监督。同样，在政企分开之后，主管部门在制定规则和执行规则时仍然要受到监督。这包括立法机构（如人大）对这些行政部门的监督，以及来自群众和新闻舆论的监督。民主制度的核心是权力制衡和监督。如果没有监督，一只不偷鸡的狐狸也会盖出不能保护鸡的鸡舍。

不能让偷鸡的狐狸盖鸡舍是市场经济中的一件大事，也是经济学的一个基本原理。

没有十全十美的经济制度

有一个美丽的姑娘想找的丈夫是：年轻漂亮，身体健康，温文尔雅，既不冷淡，又不妒忌，还希望他财产多，有个好门第，再加上聪明才智。总之要十全十美。第一批来求婚的是显贵，她嫌这个人无风趣，那个人鼻子难看。第二批求婚者是平常人，她更看不上。最后，岁月使她失去了美丽，只好嫁给一个粗人。这是拉·封丹的寓言《姑娘》。

追求完美也是人的本性。姑娘想找完美的白马王子，小伙想娶顶尖的美人，这都无可厚非，至多无非是最后降低标准找一个粗人而已。但如果一个社会非要追求十全十美的社会制度，那就会带来灾难了。

在市场经济发展之初，社会确实出现了贫富对立严重等问题。于是就出现了一批乌托邦思想家，无论是最早的莫尔，还是以后的圣西门、傅立叶、欧文，都设计过尽善尽美的社会制度。在他们理想的社会中，物质丰富、精神高尚、人人平等、相亲相爱。结果怎么样呢？他们亲自搞的小规模实验都失败了。当用暴力把这种乌托邦变为现实时，对美好制度的追求就变成了一场灾难。

最初来求婚的高贵者尽管有这样那样的缺点，但优点还是主流。我说的这个高贵者就是市场经济。市场经济的确有缺点，依靠市场机制会使公共物品供给不足；会产生外部性，引起社会资源配置失误，有负外部性的东西生产太多，而有正外部性的东西生产太少；市场竞争中还会形成有损于消费者和社会的垄断。这些被称为市场失灵。市场经济按贡献分配还会扩大收入差别，使社会失去公正。市场经济中还会自发形成经济周期，20世纪30年代的世界经济大萧条至今令人谈虎色变，这就正如那些高贵者一样，这个人无风趣，或另一个人鼻子难看。

但高贵者的本质是好的。历史上还有哪一种经济制度能如此有效地配置资源，又有哪一种经济制度能引起生产率的极大提高和物质财富如此迅速的增长？市场经济带来的人类社会进步是传统社会几千年来所没有实现的。这种制度的成功从本质上说是符合人性的。人性是利己的,市场经济不是要改变人的利己本性,而是用价格这只"看不见的手"把利己引导向有利于整个社会。利己的动力产生了有利于社会前进的结果,这正是市场经济制度尽管有许多缺点,也经历了曲折险境,但至今仍有生命力的原因。姑娘选择最初的高贵求婚人才是对的。我们在经历了千辛万苦之后也找到了市场经济制度这位高贵者。

我们进行市场经济改革,最终要建立的也不是十全十美的制度。而且,实现这种制度的过程更不会是十全十美的。我们不能承诺,实行改革是要实现理想的乌托邦。未来的制度必定会有这样那样的缺点。而且,实现这种市场经济的过程也绝对不会像长安大街那样平坦、笔直。

我之所以有这些感叹是因为有些人对市场经济改革的评价有失公允。在他们的理想中,市场经济改革应该马上使所有人受益,应该既有公平又有效率。一旦现实情况和他们的理想模式有差距,他们就会像那位姑娘否定高贵求婚者那样,把缺点无限扩大——甚至想回到过去,找那个粗人。

我不否认我们的市场经济改革中有太多的"无风趣"或"鼻子难看",如城乡差距的扩大、失业严重、社会保障不健全、个人权利不能完全得到保护、环境受到破坏,等等。但是,我们首先应该看到,市场经济改革取得了中国历史上几千年来所没有过的辉煌，任何一个人的生活都发生了巨大变化。这才是市场经济改革的本质，才是高贵者之所以高贵之处。那位拉·封丹笔下的姑娘用一些小缺点否定了高贵者，今天我们不该再犯这样的错误。

世界上的美与丑，好与坏都是相对而言的。与粗人相比，高贵者当然是好的，是美的；同样，与过去的计划经济相比，今天的市场经济改革就是好的。从计划经济到市场经济是中国历史上最伟大的进步。不比较就没有鉴别，如果让高贵者与粗人同时求婚，我想那位姑娘也不会选粗人。我们也是在比较了计划经济与市场经济之后才选择了市场经济的。

谁都知道，世界上没有十全十美的小伙或姑娘，但许多人却爱追求十全十美的经济制度。这种人类的本性曾引起过许多灾难，对此现在应该很清楚了。

寓言本来是轻松而有喻世含义的。如果我们把这个姑娘选丈夫的寓言作为自己判断一种经济制度的标准，这含义就深刻了。

别为眼前利益放弃根本原则

《圣经》中以扫为一碗红豆汤而放弃长子权的故事十分有名。按古代法律,长子有继承家中全部财产的权力,其他儿子没有。一户人家中,次子雅各熬了美味的红豆汤,外出打猎归来的长子以扫又渴又饿,想喝一碗红豆汤。雅各说,可以喝汤再加薄饼,但要用长子权来换。以扫说,人都要饿死了,长子权有什么用?它既不能饱腹,又不能解渴,你拿去好了。雅各让以扫发誓后,给了他红豆汤和饼。以扫为一碗红豆汤放弃了继承权和财产,等他后悔时,为时已晚。

人们常用这个故事教育子女不要为一点眼前利益而放弃根本

原则和权利。

山西某市以几千万的价格卖掉价值两个多亿的国有企业就是为了一碗红豆汤而出卖了长子权。在国有企业和国有资源的出卖与转让中，这样的事件也并非山西才有。

国有企业和国有资源属于全体人民，政府作为全民的代表行使所有权。政府仅仅是所有者的代表，并不是所有者。因此，政府应该按全民利益最大化的原则来使用和处置这些国有资产。在国有企业的改革中，卖掉中小国企是正确的，随着经济发展，由企业或个人获得或使用国有资源也是正常的。但如果政府仅仅为了得到些许收入而低价卖掉国有企业或国有资源，那就是为一碗红豆汤而放弃了人民的长子权。

谁得到了这碗红豆汤呢？从现实来看有两种情况。一种情况是政府得到了红豆汤。一些地方政府财政困难，或者财政还过得去，但希望有更多的钱搞一点"形象工程"或者"政绩工程"，于是就把国有企业以极低的价格卖掉，或者低价把土地这类国有资源转让出去或出卖了使用权。另一种情况是个别政府官员得到了红豆汤。山西某市低价出卖企业就是有个别官员得到了巨额回扣。低价卖国有资产、个别腐败官员得好处的事例已经不是新闻了。

以扫用长子权换一碗红豆汤是他不了解长子权的价值，一时冲动，又没有父亲及时劝说的结果。现实中低价卖掉国有资产亦有与此类似之处。

　　国有资产，无论是国有企业还是国有资源，都有其价值，按价值出卖就不是用红豆汤换长子权。这种价值是它能带来的收益。一个原来投资1亿元的国企，很可能设备破旧已无营利能力，这样的国企当然不值1亿。一块原来没有什么投资的土地，经开发后可以获得高收益，这块土地的价值就很高。国有资产在出卖之前应该先有专业中介机构按通用的资产价值评估法进行评价。这是国有资产出卖的一个依据。但它的实际价值应该在公开拍卖过程中体现。所以，以拍卖方式公开出卖国有企业或国有资源使用权，才能真正体现出国有资产的价值。暗箱操作就会人为地压低国有资产的价值。用公开的方式可以避免真正意义上的国有资产流失。如果以扫有若干兄弟竞拍长子权，他就不会吃亏了。可惜以扫只有唯一的买主雅各。许多国有资产流失的原因不正是买主太少、没有公开竞争吗？

　　以扫为一碗红豆汤失去长子权还在于这场交易无人监督。山西某市正是由于市委和人大的监督而制止了这次用红豆汤换长子权的行为。国有资产的出卖一定要有必须遵守的法律程序，这种程序要体现公平，必须有监督。这种监督是多方面的，包括上级监察机构的监督、人代会的监督以及新闻监督。长子权并不是政府官员的，官员应该根据长子权真正所有者——人民的意志行事，并在这一过程中接受各方代表的监督。但凡有个别官员用长子权为自己换碗红豆汤的地方，都是监督不力、暗箱操作的结果。失去监督的权力必定产生腐败，在国有资产出卖中这一点同样适用。

其实，以扫用长子权换红豆汤也许是老父亲逼的。《圣经》中没有这个记载，但现实中却有这种情况。个别地方政府只想尽快把国有企业卖出去，即使不换红豆汤也要甩包袱。他们向下一级政府下命令，三年或更短时间内要卖掉全部国企，在第一年内至少要卖掉30%。下级政府受上级政府的压力，急于卖掉国企，而买主又十分有限。当国有企业处于这种买方市场时，国有资产卖不出应有的价格，能不流失吗？卖掉中小国有企业方向是正确的，但总有一个过程，要有市场需求，有买主。卖的心情太迫切，恐怕连一碗红豆汤都换不到。

以扫用长子权换了红豆汤的结果是以扫穷下去了，雅各致富了。如果我们把属于人民的国有资产的长子权以一碗红豆汤的代价卖给雅各们，雅各们成了寡头，以扫们陷入贫困，这就是东南亚和拉美一些国家危险的权贵资本主义啊！

别靠绳子留住羊

许多地方和企业都在为人才流失而头痛。西部地区也总在感叹,现在不仅是孔雀东南飞,连麻雀也东南飞了。一些企业留不住管理与技术人才。晋江居然连普通工人也留不住,全市缺20万工人,竟没人应聘。留住人才的秘诀是什么?我想起了13世纪波斯诗人萨迪的《青年和羊》。

有一个年轻人用绳子牵着一只羊走。路人说:"这只羊之所以跟你,是因为你用绳子拴着它,并不是喜欢你,也不是真心跟你。"年轻人放开绳子,自己随意走,羊仍然寸步不离。路人好奇,年轻人说:"我供给它饲料和水草,还精心照料它。"年轻人的结论是：拴住羊的不是那根细绳，而是对羊的关照和怜爱。

许多地方和企业只知道用绳子拴人，而不知道关照和怜爱。

我在东北的森工企业工作过，知道他们留人靠的就是人事关系和户口，而对人的态度令你难以想象。我们这些大学生刚去时把我们打成臭知识分子，查三代，搞政审，统统到最艰苦的地方改造。后来全国在落实知识分子政策，同样的领导又以轻蔑的口气说："你们算什么知识分子，人家华罗庚才是知识分子。"苦白受了，苦尽还没有甘来。以后改革开放了，当年我们去的300多大学生都走了。这个企业也面临破产了。当年领导对知识分子的政策是不用你，也不让你走。我称其为"牙膏皮政策"——放着没用，先扔在那里，也不给别人。在许多地区和企业中这种用绳子拴人的做法都相当普遍，所以，当绳子不结实（户口、人事关系松动）时，人才自然就走了。这帮领导真该坐时间机器回到13世纪的波斯听听这个年轻人的话。

留人要留心。波斯的年轻人关爱羊，羊尚且知道不离开主人，何况有感情的人呢！我们注意，年轻人对羊的关爱是"供给它饲料和水草"以及"精心照料它"。用经济学的语言说，这就是激励机制的两个层次。"供给它饲料和水草"是让它生活有保证，这属于激励机制的物质利益激励那一部分。这就是说，我们不能否认人的利己本性。人要生存和发展，需要基本的物质保证，而且，这种物质保证还要丰厚一些，使人能生活得好一些。当然，这并不是无原则地给钱，而是要把物质利益与个人业绩联系起来，按贡献付酬。这种按贡献付酬与企业的利益也是一致的。试想，年轻人供给羊的饲料和水草充足，羊挤的奶也多，长的肉也多，对年轻人不也有利吗？一些企业家总想学周扒皮，不让长工吃饱，还学半夜鸡叫，长工能好好干吗？一些私人老板就有点周扒皮遗风，一月的报酬本就不多，还要扣下一半，怕员工跑，又把身份证扣下。结果员工连基本的饲料和水草都不足，都纷纷离开了。一个没有饲料和水草的地方，羊能不离开吗？

当然，作为人，要求还是比羊高一点，不是吃饱喝足拿钱就行了，还要求得到发展，满足马斯洛所说的其他更高层次的需求——安全感、社交、受到尊重和自我理想的实现。所以，激励机制的第二个层次是"精心照料"。这属于激励机制的精神激励。在许多情况下，这种精神激励更为重要。记得在东北时，物质上还过得去，但无论你说点什么，做点什么，森工企业的领导总提醒大家这是"阶级斗争新动向"，让人精神上受不了。许多企业员工的收入并不低，但仍然留不住人，这原因就不是物质的，而是精神的。我想如果那个波斯年轻人尽管让羊吃好喝好，但整天打它、骂它，它也会逃走，宁可做一只流浪羊。

我想，精神激励的立足点还是对人的尊重。领导和群众，老板和员工，在企业中所处的地位不同，作用不同，贡献也不同，但作为人应该是平等的。领导和老板要尊重每一个人——哪怕是最低层次的人——的人格。许多人离开企业就是受不了领导或老板那种高人一等的霸气，好像他花钱雇了你，你就是他的工具，打骂由他。老板不要把员工作为雇工，而要作为共同合作的伙伴。老板要有意在企业中建立一种平等、民主参与的气氛，这也可以叫作企业文化。企业文化是员工共同的价值观，也是使员工感到在其中工作与生活愉快的文化气氛。员工感到在这里工作舒心，不就像羊一样，即使不用什么绳子，也不会跑了吗？

当然，物质激励与精神激励也难以完全分开。例如，送员工去培训，给他们深造的机会，给员工授权，让他们有更多业绩，给员工以公平竞争晋升的机会，等等。这些对员工既是精神鼓励，又有实际物质利益。

经济学家认为，无论一个国家、一个地区，还是一个企业，人才外流的力量既有来自外部的拉力——精彩的外部世界吸引了他，也有来自内部的推力——糟糕的内部环境把他推出去。正常情况下，人有不愿流动的惰性。因此，人才外流的主要力量还是内部的推力。落后地区的领导和一些企业老板把人推出去了，你能怨谁？

对于这个寓言的作者萨迪，我们许多人都不熟悉。但他寓言中的道理，不是我们所熟悉的吗？知道了快去用，羊儿就不会离开你。

别拔金天鹅的毛

佛教很善于用寓言故事来宣传自己的教义。流传在泰国、缅甸、柬埔寨、斯里兰卡这些信仰小乘佛教国家的《佛本生故事》就是一个例子。这本书讲的是释迦牟尼如来佛前生的故事,其中有许多故事寓意深远,超出了佛教教义,至今仍受人们欢迎。

一个"金天鹅本生"的故事说,一位菩萨死后转生为只记得自己前生的金天鹅,它的羽毛都是经过锤炼的金子。他寻找自己的妻女,每次留下一根金羽毛,让她们快活生活。他的妻子贪得无厌,想把他的金羽毛全拔下来。尽管女儿反对,妻子仍在他来时抓住他，把他所有的金羽毛都拔了。但这样做违背了菩萨的本意，金羽毛也就变得跟鹭鸶的毛一样，一文不值了。金天鹅飞不走，妻子喂他。他又长出白色羽毛，飞回去，再也不来了。

这个故事是讽刺那些贪婪者的，认为贪婪者会得到报应。它所表现的仍然是四大皆空的思想，劝人为善。

这个故事对我们仍然有启示。那些不为民营企业发展创造一个良好环境，而只想拔金羽毛的地方政府不正是那位贪婪的妻子吗？

一个地方的经济发展取决于有多少飞来的金天鹅——外资企业，以及有多少本地生长的金天鹅——民营企业。金天鹅多了，掉下的羽毛多了，当然，这个地方也就富起来了。金天鹅为什么愿意飞来？这就取决于你对他的态度，或者说投资环境。

一说到投资环境，有人立即会想到交通、通信、酒店、供电供水，等等。这些都不错，没有这些条件，金天鹅不会飞过来，本地金天鹅也成长不起来。这些被称为投资环境的硬件。要做到这些硬件并不算最难的，只要投资就可以。有钱可以修路，可以搞电讯、建酒店，改善供电、供水条件，等等。许多地方政府在这方面也下了很大的功夫，硬件条件改善极快。但一些地方，硬件具备了，却很少有金天鹅飞过来，顶多来看了一下就飞走了。本地金天鹅也很难成长，一旦翅膀硬了也就飞走了。这原因是什么呢？为什么有梧桐树还招不来金天鹅呢？

原来是投资环境还有另一个更重要的内容——政府是竭尽全力为企业服务，还是像那位贪婪的妻子一样拔金天鹅的毛。许多落后地区，讲起招商引资的重要性头头是道，也不惜花钱开引资招商大会，但效果却并不好。往往是一个金天鹅被拔了毛，其他金天鹅就不敢来了。某西北城市，台商开了一家"好又多"量贩商场，效益不错，上缴税收不少，也解决了不少人的就业问题。这算是每天留一根金羽毛吧。政府修路，被迫停业。路修好之后，这家商场投巨资装修还没开业，许多管理部门就来拔金羽毛——以检查为名，没完没了地收费。最后好歹在市委书记、市长的亲自关怀下，没人再敢拔金羽毛了。但别的金天鹅会想：有权拔毛的人多，而能制止拔毛者的市领导又少，何况他们的主要工作还不在监督拔毛者，于是也就不敢来了。这不就是金天鹅变为白天鹅飞走了吗？

收费这种拔毛还是最常见，也最公开的，还有许多让你防不胜防的拔毛。地方政府办事效率低，若干部门互相扯皮，办一件事要盖许多公章，哪个都不好盖。那些有点小权的小吏总以刁难人为乐。处处难为金天鹅，其实就是变相拔毛，金天鹅飞来飞去，求这个，求那个，让你没法长羽毛，甚至已有的羽毛也在脱落。有时你自己拔下一根金羽毛送给他们，事情才好办。我曾为某落后地区引进过金天鹅，最后这只金天鹅不堪这种折磨之苦，自己飞走了，不是"拜拜"，是永别。

一些外来的金天鹅刚有点起色，或者本地金天鹅初长成样，无数拔金羽毛的就来了。这个税，那个费，这个罚款，那个强卖，你有多少金羽毛够他们拔？越拔毛，金天鹅越少，金天鹅越少，越要在已抓住的金天鹅身上多拔毛。这形成一种恶性循环，最后就是金天鹅全飞光。

我们可以注意一个现象，经济越开放，越不拔毛的地方，金天鹅越多，所得到的金羽毛（金天鹅自愿贡献的）也越多。广东、浙江、江苏、上海这一带就是这样。相反，经济越落后的地方拔毛越多，金天鹅越少，所得到的金羽毛（强制地拔下的）也越少。落后地区总抱怨，孔雀东南飞。许多内地企业在做到一定程度后，也都把总部迁往上海、广州这些不强制拔毛的地方。其实这不正是你们像贪婪的妻子一样拔毛的结果吗？

"金天鹅本生"是教人为善的，这是佛教的宗旨。要使本地经济发展，政府也必须行善。这种善行就是为企业发展创造一个良好的软环境。有了这种环境，外来的金天鹅多了，本地的金天鹅成长起来了，每只金天鹅每天给你一根金羽毛，你不就富起来了吗？

公平与效率兼顾

时下"公平"已然成为最热门的话题,慷慨激昂地指责不公平颇能赢得掌声。一个社会的确应该实现公平,但问题是首先要弄明白什么是公平。古印度《百喻经》中的《二子分财》就给出了一个有关公平的解释。

一个贵族临终前让两个儿子平分财产。但父亲死后这两个儿子都认为分得不公平。一个智者给他们出了个主意,把所有的财产都破为两半,衣服、盘子、瓶子、盆、缸、铜钱等全破成两半,各取一半自然再公平不过了。

任何一个人都知道,这种分法看来的确公平得很,但所有东西都毁坏了，公平又有什么用呢？用经济学家的话说，这种公平彻底破坏了效率，效率不存在，东西都没有了，还有谁会去追求这种公平呢？

经济学家用"漏桶效应"来说明这种公平的不合理性。假设沙漠上有两块居民区，一块水源丰富，另一块无水。使这两个地方公平地占有水的方法是把有水地方的水送到无水的地方，直至两地的水相等时为止。但运水的是一只漏桶，在送水过程中会有一定量的水漏掉。这种漏掉的水就是效率损失。损失多少取决于桶上漏洞的大小。因此，公平绝不是使两地的水完全相等。当然，即使有漏洞效应也不能使一个地方水很多，而另一个地方没水，只要使缺水地方的水可以维持生存就行了。这时漏点水也是为实现一定公平所必须付出的代价。

根据漏桶效应，收入分配不能绝对平等。因为能力大与能力小的人，勤劳与懒惰的人得到同样的收入时，就没人干活儿了。这相当于把所有东西破为两半，谁也得不到什么。其实给能力不同、贡献不同的人以完全平等的收入，实在是一种最大的不公平，因为贡献小的人显然剥削了贡献大的人。市场经济实际上按贡献分配，同时运用税收和社会保障来调整过大的收入差别，这就是使"漏桶效应"降至最小的一种公平做法。没有生产就谈不上分配，所以，市场经济分配的基本原则应该是效率优先，兼顾公平。

　　再回到"二子分财"上。这两个儿子有完全平等的继承权，财产应该平分。实现这种平等继承权是公正。但应该看到，只要不像那个智者建议的那样，把所有东西都破为两半，就不可能完全平等。因为不会有两件完全相同的衣服，即使每个碗完全一样，如果有5个碗，谁得两个谁得三个也仍是一个问题。世界上没有绝对的平等，如果把公平理解为完全平等，那是一个极大的误解。许多人都把公平理解为完全平等，幻想一种绝对平等的社会，这就是历史上的乌托邦。但一旦用暴力来实现这种平等，不仅要付出血的代价，而且最终还出现了更大的不平等，所改变的只是原来的富人变成穷人，原来的穷人变成富人。由于这个结果不是在竞争中由于能力和贡献的不同而形成的，而是暴力的结果，所以，正如把一切都破为两半一样，物质财富减少了，社会更穷了。

　　公平首先是权利的平等，这种平等的权利是由法律来保证的。就"二子分财"来说，他们有平等的继承权，这就是公平。就一个社会而言，每个人，无论能力、贡献大小，在法律面前都是平等的。法律保证每个人机会平等，包括有权使用属于自己的资源，有平等地参与竞争的权利。我们现实中值得注意的不公平不是收入差别（当然这个问题也值得引起注意），而是权利的不平等。同样的高考成绩不能上同样的大学，同样的公民不能享受同样的义务教育，同样的人因为户口所在地不同而有不同的就业机会，都属于权利不平等。我们要实现公平，首先是解决这种权利的不平等。

在权利平等的基础上，保证公平的关键是过程与程序的公平。由于许多财产都是不可分的，所以，当两个儿子分遗产时，不可能做到分毫不差的平等。这时重要的就是过程与程序。这就是说，他们要就分遗产的方法达成一致。如果两人都同意一种做法，其结果无论是什么，都是公平的。例如，可以把全部财产出卖，变为货币，按货币分遗产，这样做到绝对平等不难。但采用这种分法时，财产出卖的价格可能低于实际价格，这时两人都受损失。

还有两种更好的方法：一是找来中人（千万别找那个智者），由中人把财产分为两份，这两个儿子抓阄决定拿哪一份；二是由一个儿子把财产分为两份，另一个儿子决定选择哪一份。只要两个儿子都接受某一种做法（我们所说的程序），其结果，无论谁多一点，谁少一点，都是公平的。即使有谁觉得自己吃了亏，也没什么话好说。

任何一个家庭的遗产纠纷都在于权利或程序的不公平。一个社会如果不能正确理解公平的含义，公平就会成为一个"公说公有理，婆说婆有理"的问题，正如那两个儿子为公平打得不可开交一样。

应该承认，我们的社会的确存在许多不公平之处，但解决办法绝不是智者那个以牺牲效率为代价的建议。实现公正先要从正确理解公正的含义开始。

公有财产的悲剧

经济学家哈丁讲过一个"公有地悲剧"的寓言,说的是公有的草地由于过度放牧,无人养护而寸草不生,这个寓言经美国经济学家曼昆在其畅销全球的《经济学原理》中引用之后,已经广为人知了。

这个道理其实中国人早就知道了。明代的刘伯温在他的《郁离子》中就讲过一个类似的寓言。有官员瓠里子从吴地回故乡广东,可以乘坐官船。他到岸边后发现有一千多条船,不知哪条是官船。送行的人说,这太容易了。只要看船篷是旧的,船橹是断的,布帆是破的,那就是官船了。他照此话去找,果然不错。

其实在哪一个时代公有财产的下场不是这样呢？如果让瓠里子看到今天国有资产被破坏、浪费、盗窃的现象，不知他会气成什么样。

公有财产的特点是没有具体的所有者，即经济学中的"无主所有"。即使由国家作为公有财产的所有者，也由于这种所有者的责权利并不一致，而无人关心。何况"铁打的衙门流水的官"，负责管理公共财产的官员在不断地变，谁把爱护公有财产当回事？公有财产只有人用，过度地用，而没有人保护，精心地保护，说来也是人们的私心作怪。民船有所有者，坏了是自己的，当然会有模有样。官船是公有的，没有所有者，坏了不用你花钱修，谁去管？过去，许多单位都有公用自行车，你在一排自行车中看一看，最破的一定是公家的。

有私心是人的本性，很难改变，要变的是公有财产的产权。我们在经历了许多年的曲折之后终于认识到产权改革是市场经济改革的中心，是一个绕不过去的问题。我们并不是说，产权一抓就灵，但产权的确是通向市场经济的起点。没有这个起点，就没有以后的成功。我们为公有财产请来的保护神就是产权明晰的制度。传统的那种公有产权制度不行了。如何实现产权明晰呢？我们还以刘伯温的官船来说事。一个最简单的方法当然是把官船卖给私人。瓠里子这样的官员出行不用挑破官船，什么船好坐什船，只要不突破自己行政级别的报销标准就行。官船卖给私人，你什么都不用说，官船自然会像私船一样好。当然，如果原来管船的官员受了私人的贿赂，把船以极低的价格卖给私人，公有财产又受损失了。所以，卖最好是拍卖，公开、透明地竞争，出价最高者获得。

还有一种卖的方法是卖给船老大及他的几个高级助手。现代人把这种方法称之为MBO（管理层收购）。原来由官家任命的船老大有航行与管理经营经验，也许对这船还有点感情。卖给他应该比卖给其他人有利。但船老大要实现MBO就必须拿银子来买，他的银子不够就找亲朋借，或者向山西票号借银子。如果船老大还没交银子就拿这船抵押借银子买，那就便宜了这小子。当然MBO也要防止船老大与船务局的人勾结。这就要有监督。

如果官船是一只小船，千把两银子就可以拿下，卖的确是个简单易行的办法。但许多官船个儿太大，也太豪华，需要上万两甚至几十万两银子，没人买得起，这卖就难走得通了。这时就要把这只船分为若干股，卖股份，每股不贵，比如10两银子。这时会有许多人买这只官船的股份。但买的人太多，股东太多，又都是小股东，以前的问题又会出现。谁都对这船不负责，没有人承担责任。所以，一定要有控股的大股东。他们代表小股东决定船的使用，如果他们经营不好，小股东都把股份卖了，他们也不好过。大股东们建立个董事会，决定大事，决定雇谁当船老大。这官船也就和民船一样好了。对于大船股份化是一种好方法，但也并不是一股就灵，如何雇用船老大及船员，对他有激励——约束机制，如何建立一套科学管理体系，都是股份化以后要解决的问题。最重要的还是官船股份化以后就不姓官了，官家的船务局不能再管了。

还有个把船没法股份化。船务局总要有几条船，供必要时用。这些船还是官船，但要给官船找一个所有者代理人，即代表官府来管理这些船。或者也可以成立一个官船委员会来管理所有官船，使之保值增值。该委员会可以向每条船派一位所有者代表，代表官家行使所有者的职权。对这位官员要有激励——约束机制。发生了官船被破坏之类的事件，他要受罚。官船得到有效使用，他也会有奖励——提职或加薪。这就可以让他像爱护自己的船一样爱护官船。当然，官家保留的船还是越少越好，民家能办的事最好还是让民家办，官家尽量少管船，管管造船的质量标准和行船的规矩就可以了。

公有地的悲剧也好，官船破烂也好，都不是什么难题。只要思想放开了，总能找到保护神。世界上没有公有地悲剧和破烂官船的国家不是多得很吗？

让背信成本大于利益

中外寓言中赞美诚信、斥责骗子的寓言都有很多,这里随手引用《战国策》中的一个。魏文侯和管理山林、狩猎的官员约好外出打猎的日期。到了这天,文侯和臣子饮酒作乐,外面的雨下个不停,文侯起身要走,周围的人疑惑不解地问:"今天饮酒这么痛快,天又下着雨,大王要到哪里去呀?"文侯说:"我与管理山林、狩猎的官员有约,今天和他们一块儿去打猎。现在虽然很痛快,岂能不按时赴约?"于是,他冒雨前往,搞得精疲力竭才回来。魏文侯讲信用,得到大家信任,魏国就慢慢强大起来了。

中国自古以来就有"民无信而不立"之说,是一个讲诚信的大国。晋商历时五百年的成功靠的就是诚信两个字。义和团事件中,晋商北京的票号被毁,账本库存全无,但票号对持有存单的人全部照付,称得上不惜血本得信用。在市场经济的今天,一些人金钱欲暴发,官员造假数字,商人造假产品,学校卖假文凭,诚信问题更加突出。恢复诚信,建立人与人之间的信任关系,已成为市场经济成败的关键。市场经济归根结底是以诚信为基础的。魏文侯以诚信立国,这是我们的榜样。

市场经济是一种交换经济,交换的基础是双方信任。如果伪劣产品横行,连交换媒介——货币也是假的,谁还敢去交换?而没有交换就没有分工,这样社会岂不要退回到自给自足的状态了吗?市场经济也是一种货币经济,货币是资源流动的媒介,银行的信贷与信用在英文中本是一个词(credit),没有信用,社会的资金如何流动到最有效的地方?这些都是大道理,也许会有人认为,这些与我无关,我只要赚到钱就行。但没有信用真的能赚到钱吗?我们设想一下,如果魏文侯不去赴约,国人会信任他吗?没有了国人的信任,他又如何能强国?

有人想的是能骗一次就骗一次,把十几亿中国人每人都骗一次也就够了。但是要记住那个说"狼来了"的孩子,也要记住周幽王烽火台骗诸侯的故事。西方有句谚语说,你能永远骗少数人,也能暂时骗所有人,但你不能永远骗所有人。不讲信用的人最终害的是自己。山西人造假酒，搞得现在山西的酒都抬不起头来。南京冠生园用隔年的月饼馅，也以自己破产宣告结束。没听说过哪个人是靠骗致富的，也没听说过哪个企业是靠骗成功的。

这点道理也不深，但为什么在现实中就实现不了呢？我想这就要探讨信用的基础。信用也是一种经济行为，也有成本——收益分析。如果讲信用的收益远远大于成本，只有讲信用才能实现利润最大化，人们就会讲信用。如果不讲信用的收益远远大于成本，背信弃义才能实现利润最大化，人们就会不讲信用。

保护信用的收益大于成本的是制度。

我们来看魏文侯的案例。魏国是他的私有财产，可以子子孙孙传下去。魏国兴盛不仅使他自己富贵，而且可以使他全家代代享福。如果魏国衰亡，他就死无葬身之地。在产权明晰的情况下，权责利统一于他一身。他深知自己讲信用，国才可兴，自己失信，国必亡。这就是说，他讲信用的收益远远大于成本。因此，别说下雨，就是下刀子也要守信赴约。这个案例说明了，产权是信用的基础，产权明晰是讲信用的制度前提。在现实中，成功的民营企业之所以比国企或个别地方政府讲信用正在于产权的不同。私有制下比传统公有制下更重视信用也在于此。信用的成本——收益计算是长期的，产权保证了长期收益大于成本。但在短期中，也许不讲信用的收益大于成本，所以，一些打一枪换个地方的个体户或者"铁打的衙门，流水的官"的国企或政府部门没有长期的利益保证，也才会不讲信用。他们获得短期诈骗收益，成本要别人在长期中去付。产权保证了长期的收益与成本由同一主体承担。

制度保证信用的收益大于成本的方法就是惩罚。严厉的惩罚加大了不讲信用的成本，或者说增加了讲信用的收益。所以，必须有严惩不讲信用的立法，才有社会诚信。现在的发达国家在市场经济初期也充满了欺诈和背信弃义。欠债、假冒伪劣横行也曾严重干扰着经济。但当把债务人送进监狱，把造假者罚得倾家荡产再加坐几年牢时，不讲信用的成本太高了，收益是负的。当年魏文侯是一国之君，国内立法当然无可奈何他，但外敌的存在对他就如同今天头上的法律一样。他不讲信用，国家衰落是要受敌国惩罚的。

产权明晰对利益的保护，立法对背信成本的加大，是信用的基石。魏文侯不是天生守信，当守信利益显著，背信成本巨大时，他能不守信吗？把这种制度放在现代人身上，他们能不向魏文侯学习吗？

微调的治国艺术

老子是主张"无为而治"的。这与现代市场经济"自由放任"的思想颇为一致。市场经济要求小政府,即市场能做的事都交给市场,只有市场做不了的事才由政府来做。那么,政府应该如何做自己该做的事呢?老子又有一句话:"治大国若烹小鲜。"这就是说,管理一个大国像烹饪娇嫩的小鲜一样,要精心,不要来回折腾。

大概是由于治国太难了,许多古代思想家都有这种精心治国的思想。《墨子》一书中记载,墨子见人染丝,感叹地说:"雪白的蚕丝放进青色的染缸,变成了青色;投进黄色的染缸,变成黄色。染缸的颜色变了，蚕丝的颜色也随之改变。蚕丝染了五次，它的颜色也改变了五次。染丝时不能不小心谨慎啊！"墨子的结论是，不仅染丝是这样，治理国家也一样，一定要慎重小心。

在市场经济中，经济主要是由市场机制来调节，但市场机制也不是十全十美的。历史证明，仅仅由市场机制调节时，经济必然出现繁荣与衰退交替的周期性波动。因此政府的职责之一就是运用宏观经济政策进行宏观调控，实现整个经济的稳定发展。但是，宏观调控又是一把双刃剑，它既可以稳定经济，也可以使经济更加不稳定。战后发达国家运用宏观经济政策调节经济的历史已经证明了这一点。因此，政府进行宏观调控也必须像"烹小鲜"那样谨慎从事。

老子讲"治大国若烹小鲜"的一个意思是，小鲜很娇嫩，烹饪时不能翻来翻去地折腾。把这个意思用在宏观调控上就是政策不能变来变去。如果为了短期 GDP 增加而用财政和货币政策双管齐下刺激经济，在出现通胀之后又下猛药紧缩，这就会引起经济大起大落。这种情况在中国与外国都屡见不鲜。美国在 20 世纪 60 年代刺激经济的政策引起了繁荣，但它却也是 70 年代滞胀的原因之一。这种滞胀导致 70 年代末的严厉紧缩，失业率超过 10%。我国改革开放以来，经济的几次大起大落都与经济政策相关。经济学家强调，宏观调控的目标是稳定经济，所以，政府在进行宏观调控时首先要避免政策本身成为加剧经济波动的根源。严厉的紧缩政策往往是由经济过热、通货膨胀加剧引起的，而引起经济过热的根源则通常是政府刺激经济的政策。因此，不让政策本身成为加剧经济波动的根源关键还在于不要为了短期利益而人为地用政策去刺激经济。

"治大国若烹小鲜"当然不是把小鲜放在锅里一点不动，而是在翻动时一定要谨慎。这种谨慎首先是看准火候，该动时再动。或者像墨子说的，染丝时要看准颜色。对宏观经济调控而言，这就是要正确判断经济状况。宏观经济政策的效应往往有滞后性，因此，正确判断经济状况不仅在于了解现在的状况，还要判断未来的经济走势。宏观调控的失误往往在于对经济现状和未来走势判断的错误。正确判断经济状况的确是一件难事，正如厨师掌握火候不易一样，但也有两种方法可以减少失误：一是运用宏观计量模型进行预测，尤其在进行短期经济分析与预测时，这种模型还是很有帮助的；二是广开言路，倾听不同的意见，并在此基础上做出失误较少的判断。

谁都知道，在烹小鲜时，即使火候判断准确，动作也要小，轻翻轻动。调节宏观经济也是这样。在美国，进行宏观调控更多是用货币政策，曾经的美联储理事会主席格林斯潘就深谙此道。根据美国法律规定，美联储每次调节利率（联邦基金利率）不得超过0.5个百分点。这在制度上限制了货币政策过大的变动。但在实际上，美联储和格林斯潘的调节通常都小于这个规定，每次仅变动0.25，甚至0.125个百分点。应该说，在格林斯潘出任美联储理事会主席期间，货币政策总体上没有犯什么大错误，美国经济也没有大的波动。这与他谨慎地进行货币政策调节是相关的。经济学家把宏观经济政策调整称为"微调"。这一个"微"字点出了调整的关键。"微"就是"小"，"微调"就是用政策的小幅度调整来实现宏观经济的稳定，避免大起大落。

谨慎地进行宏观经济调控还要选择正确的政策工具。在运用财政政策时，可以改变政府支出，也可以改变税收。在运用货币政策时，可以改变利率，也可以改变贴现率（商业银行向中央银行贷款的利率），或者调整存款准备率。这些不同的政策工具对经济影响的方式与程度是不同的，根据不同经济状况和要实现的目标选择不同政策工具也是一门艺术。

正如烹小鲜的技能要在实践中完善一样，进行宏观调控的艺术也要在实践中提高。我国在防止经济过热时采用货币政策中提高存款准备率的政策工具就是一种有效的微调。这种政策工具作用较为温和，而且不会带来汇率升值的压力。这就既防止了经济过热，又不至于由于政策力度过大引起过分紧缩。当然，进行宏观调控的艺术永远没有顶峰，只要记住"治大国若烹小鲜"和墨子对染丝的感叹，我们宏观调控的水平就会不断提高。

苦干不如巧干

《列子》中的寓言《愚公移山》中愚公那种移山的精神是值得我们永远学习的,也鼓励了我们奋勇向前。但我们要学的是这种精神,而不是那种具体做法。而且从经济学的角度看,移山也并不是一种好做法。

经济学家讲实际,我们做任何一件事情,不是为了实现什么精神,而是要获得某种利益,这种利益可以是个人的、群体的,也可以是整个社会的。要获得利益就必须进行成本——收益计算。那种收益小于成本的事,无论体现了多么重要的精神也不能做。愚公移山这件事最初并没有什么精神含义，只是为了出行方便。但为了出行方便而世世代代去挖太行和王屋这两座山值不值得呢？挖山是有成本的，且不说为了挖山所需要的镐、筐等需要花多少钱，仅就愚公一家几代不从事任何有酬劳动，放弃的收入——机会成本——该有多少啊！搬走了山，仅仅方便了出行，又有多大收益呢？我想恐怕还是成本太大。

当然，出行方便，向外部世界开放，也许对愚公家实际收益极大。但除了移山之外也还有另外几种选择：第一，全家搬家，到交通方便的地方，何必在一棵树上吊死呢？第二，购买些毛驴之类交通工具，坐毛驴外出也是一种选择。第三，修路。尽管修路也不易，但总比挖整座山容易。第四，古人已会打窑洞，把这种方法用于挖隧道，固然不易，但仍比挖整座山容易。如果真把方便出行当件事做，肯定还可以想出其他替代的办法，如果再请教智叟这老头，大概还有别的方法。"条条道路通罗马"，在各种可行的方案中应该选择达到既定目的成本最小的方法，否则就谈不上"经济"二字了。"经济"的原意就是"节约"。

过去，我们的确是不仅学了愚公的精神，还学了愚公的做法。大寨修人造平原就有愚公的影子。人造平原花了多大成本，带来了多少收益，大概没人算过。但我想多收的那点玉米，绝对是得不偿失。而像这样的愚公做法也绝非仅仅大寨有。现在转向市场经济了，愚公这样的做法也并没有绝迹。一些地方不顾条件，不计成本修机场、搞形象工程，就有点愚公的另类精神。不过，人家愚公用的却是自己的资源，当代愚公用的却是国家的资源、纳税人的钱。

愚公的做法中还有一点与现代观念相冲突之处，就是破坏了生态环境。山在那里，自然有它的理由，也有它的作用。愚公移山的宣传中强调了改天换地，人定胜天，这就十分危险了。按人自己的短期利益来改造旧山河，说起来豪迈得很，但从长期看，破坏了自然界和谐的生态平衡，得到报应的还是人类自己。《列子》产生的那个时代，还没有环保思想（其实这样说还是为古人开罪，中国古代的"天人合一"就是环保思想），移移山也就算了。可以不追究破坏生态罪，但现在还这么做，那就是明知故犯了。寓言中没有写神仙受感动把山拿走后的结果。我想，这一地区的气候会发生变化，野生动物不复存在，愚公家出门方便了，但也没钱进城了。

在现代社会中，仅仅靠愚公精神绝对是不能实现赶追经济强国的。实现现代化需要的不仅是愚公式的苦干，还要有智叟式的巧干。经济学中有一个"后发优势"的概念，即落后国家可以通过学习先进国家的经验，吸取先进国家的教训，更快地赶超先进国家。这种赶超效应来自后发优势。但如果只知像愚公一样每天挖山不止，还让子子孙孙都这样做，不让他们出去留学，学学人家如何解决交通问题，哪一天才能赶上人家呢？愚公还有点独立自主、自力更生的精神，但拒绝向别人学习，"后发"就没有"优势"，只能与先进国家差距越来越大。你还在那儿移山呢，人家的飞船都到火星了。你挖山从理论上说绝对可以把山移走，但再挖也到不了火星。

如果我们没有学习先进国家建设市场经济的经验，吸取他们的教训，自己再努力也是愚公移山的笨做法。为什么我们在转向市场经济十余年之后才把产权改革作为中心？为什么我们长期没有解决市场秩序混乱问题？发达国家在这方面有不少成熟的经验，可惜我们学晚了。为什么当年法国的税收承包制失败了，几百年后我们要步其后尘？为什么发达国家的环境破坏曾引起重大损失，我们的淮河还在污染？只像愚公那样实干苦干是不够的。巧比苦更重要，而巧只能向别人学。愚公移山是个故事，不同的人可以从不同的角度去解释。我的解释也算一家之言吧！

广开言路才能求医治病

战国时韩非子周游列国，拜见各国君主，希望得到重用，可惜君主们很少有听他高见的。大概是有感于此吧，他写了《讳疾忌医》这个寓言。

名医扁鹊见蔡桓侯，从气色看出桓侯有病，但仍在表层，治好不难。桓侯不认为自己有病，还觉得庸医骗人。十天后，扁鹊又来，说桓侯的病已侵入了肌体，不抓紧治会加重。桓侯没听，还不高兴。又过十天，扁鹊又来，说病已进入内脏，不治会更严重。桓侯已讨厌扁鹊了。再过十天，扁鹊见到桓侯，掉头就跑，桓侯派人去问，扁鹊说现在已经病入骨髓，无法医治了。过了几天,桓侯发病,派人找扁鹊,扁鹊已逃到秦国。桓侯自然就死了。

作为一个政治家,韩非子当然不是讲医道的,他讽刺那些国君自以为是,听不进别人的意见,最后误国害民。"讳疾忌医"的寓言谁都知道,且已成为一个常用的成语,国君们也常以此来劝诫自己,甚至作为座右铭。但结果如何呢?除了唐太宗这样极少的明君尚可纳谏之外,绝大多数还是明知故犯地讳疾忌医,其原因何在呢?

经济学家是不相信人性的善恶,而是相信制度的。人性中有同情心、利他的一面,但也有更重要的利己、过分自信这些恶的一面。寄希望于明君贤相的人治,国家之命运就取决于个人,当权者好,人民幸福安康,但遇上萨达姆这样的人当权,人民就倒大霉了。翻翻历史,还是坏当权者多,何况在权力的光环之下,好人变为坏人是极容易的。因此,经济学家强调要用制度来引导和制约人性。市场机制把人的利己引导向有利于整个社会。民主制度是制约人性中的缺点的。这种民主制度应该包括两个方面:一是广开言路,允许人们充分发表自己的见解,无论是对的,还是错的;二是在决策中用权力制衡权力,使决策失误减少到最少。任何一个人都有可能有病,任何一个国家经济都会有这样或那样的问题。有了这两条,有病或有问题都不怕,可以及早发现,也可以找出最好的解决方法。

不可否认，市场经济改革取得了辉煌的成绩，即使对中国有最深偏见的外国经济学家也不否认这一点。肯定这些成绩，有利于总结过去，继往开来，也有利于增强全国人民对改革的信心。所以，歌颂这些成绩是必要的。但是，同样应该看到，在我们前进的过程中也存在许多问题，无论是城乡收入差距扩大，失业较为严重，还是增长的失衡，环境的破坏，都值得我们重视。这些问题还像蔡桓公刚病时那样，处于表层，或侵入了肌体和内脏，还没有病入骨髓，及时医治是来得及的。而且这些病还需要不同的医生来会诊，摆出现象，找出根源。医生说的话不一定都对，但无论对错，都要让说，都要听。错的话里往往有正确的因素，对的话也不会就是百分之百的真理。指出问题比歌颂成绩还重要。成绩不说跑不了，问题不说不得了。

经济学家们有一些是专门挑毛病的。我总认为他们比"歌德派"经济学家存在的价值大得多。曾经有一些被扣上"右"的经济学家，经常呼吁产权改革，提倡保护私人产权。他们往往被扣上"资产阶级自由化"的帽子。还有一些被扣上"左"的经济学家，大声疾呼关注收入差距扩大、加入WTO对中国的不利影响、弱势群体的困境，等等。他们往往被扣上"反对改革开放"的帽子。这样做的结果就是产权改革被延误了，城乡收入差距现在已是世界最大国家之一。如果我们早听一听这些人的话，让他们畅所欲言，何至于病由表皮而进入内脏呢？

当然，这也是历史了（我是在昨天的事就是今天的历史这种意义上来用历史这个词的），现在的广开言路令人欣慰。经济学家讨论经济过热还是过冷的问题，就是仁者见仁，智者见智。有人认为经济过热，"过热派"中又有整体过热与局部过热之分。有人认为经济正常，不冷不热，应保持现有增长率。还有人认为，经济仍然过冷，应该再加热。这些人的意见都得到充分发表，再没人给他们戴什么帽子。他们可劲儿说，随便争，政府认真地听。政府有了决定，大家仍可以说，有坚持政府紧缩钢铁、水泥等行业不当者，也有还坚持经济并不热，无须调低增长率者。我并不认为他们的意见对，但我支持他们的发言权。这就是广开言路，有了病及时让医生诊断和治疗。

在中国这样的大国实现从计划经济向市场经济的转变，历史上没有先例，国外也没有可以照搬的经验。在这个过程中出点问题正如人有点病一样并不可怕，怕的是像蔡桓公那样讳疾忌医。只要广开言路，蔡桓公那样的悲剧就不会发生了。

共同富裕不是杀富济贫

古人以节俭为美德,反对奢侈。《韩非子》中对商纣王的批评就反映了这种思想。商纣王使用了象牙筷子,他的叔父箕子就开始担忧。箕子认为,用了象牙筷子,就要用犀牛角和美玉做的杯盘,也不能吃普通饭菜,要吃珍馐美味。吃了这些饭,就要穿绫罗绸缎,住高楼大厦,其结果必然穷奢极欲而亡。以后商纣王果然酒池肉林、荒淫无度而使商灭亡。

这个寓言是讲腐化亡国的道理的。商纣王不顾国家安危,用搜刮来的民脂民膏供自己一人花天酒地,不亡没有天理。商纣王也成了千古的反面教员。这个寓言的寓意是深刻的。但是,我们可以换一种思路，如果是某人用自己合法赚来的钱进行高消费，对一国的经济有利还是有害呢？我们应该提倡富人的高消费呢？还是用政策限制他们的高消费呢？

这个问题在历史上就有人争论过。清代乾隆三十三年，被任命为两淮盐政的尤拔世上书，指责盐商们生活奢侈，望皇上让他们崇尚节俭。乾隆皇帝批示："此可不必。商人奢用，亦养无数游手好闲之人。皆令其敦俭，彼徒自封耳。此见甚鄙迂。"这就是说，乾隆皇帝认为，富商们奢侈还养活了一批人，能增加就业，何必让他们节俭呢？乾隆并不是主张富人高消费的第一人。起码在他之前，明末的上海人陆楫就写过一篇《禁奢辩》。他认为，综观天下"大抵其地奢则其民必易为生；其地俭，则其民必不易为生者也"。富人"以粱肉奢，则耕者、庖者分其利，彼以纨绮奢，则鬻者、织者分其利"。他的结论用今天的话说就是，鼓励富人消费，有利于其他人致富。

在现代经济学中，这种消费刺激经济的思想已经被凯恩斯理论化了。凯恩斯认为，经济状况在长期中取决于生产能力，即供给，在短期中当生产能力既定时，则取决于需求。经济危机的原因正在于有效需求的不足。需求包括消费需求与投资需求。由此可以得出，增加消费，增加需求，可以刺激经济，增加就业。

凯恩斯还说明了，需求增加所引起的GDP的增加一定高于原来需求的增加。这被称为"乘数效应"。比如说，需求增加了1亿，但最后GDP的增加一定大于1亿。这是因为各种物品有互补性，国民经济各部门之间是相关的。比如，富人买别墅花了1亿，GDP增加了1亿。住在别墅里一定要有汽车，买车又用了5000万。买汽车要买汽油，买保险，购买各种服务（使用高速公路、维修等）又要用5000万。仅就这些支出已达2亿元。用于买别墅的1亿元带动了建筑、装修等行业，这些部门的人收入增加，消费增加。用于买汽车和相关物品与劳务的支出1亿元也带动了这些行业的人收入和消费增加。住房和汽车又带动了钢材、水泥、机械等行业。这样一轮一轮带动之下，整个经济GDP的增加肯定不止原来买别墅的1个亿。在这个过程中，经济发展了，所有的人——无论是作为股东和高层的富人，作为管理和技术人员的中等收入者，还是低收入者工人——都会受益。

当然，任何人的消费都有同样的作用，富人买别墅和穷人买食物都是需求。但为什么要强调富人的高消费呢？我们应该承认，在任何一个社会中都有收入差别，有贫富之分。尤其在经济发展的初期阶段，收入差别更大。收入决定人的购买能力，富人的购买力强是自然而然的，尤其是别墅、汽车这类奢侈品，主要还是富人消费的。在整个社会的消费支出中，富人所占的比例高于他们在人口中所占的比例。富人的消费对增加消费和总需求更为重要，对推动经济的发展也更为重要。

还应该指出的是，富人在物质需求得到满足之后，会更多地支出于劳务和其他文化消费。这些部门在GDP中占有重要地位（在美国GDP中占四分之三），而且多属于劳动密集型，对增加就业意义重大。

提倡富人的高消费也是一个"让一部分人先富起来，带动共同致富"的过程。在市场经济条件下，实现共同富裕之路并不是《水浒传》上的"杀富济贫"。历史早已证明，杀富济贫是一条共同贫穷之路。富人杀了，穷人并没有富起来。一部分人先富起来，他们进行投资，增加社会生产能力，他们进行高消费，创造需求。在这个过程中，社会财富不断增加，就业机会不断增加，更多的穷人才能脱贫，并一步步致富。富人的收入只要是合法的，他们的高消费就对整个社会有利，也包括对穷人有利。这与商纣王剥削国民的挥霍浪费完全不同。

这个道理并不难懂，但限制富人高消费的事却仍常有发生。美国1990年曾对富人消费的豪华车、游艇等商品征收高税，想用这种收入来帮助穷人。结果富人不消费这些东西，生产这些东西的工人也就失业了。这种扶贫其实是害贫。这样的事我们不也做过不少吗？

商纣王是昏君这个案不能翻，但他的高消费还给了我们一点启示。这就是坏人做坏事，给我们留下的另一种有益结果吧！

滥竽充数错在宣王

《韩非子》中记载:"齐宣王使人吹竽,必三百人。南郭处士请为王吹竽,宣王说之,廪食以数百人。宣王死,湣王立,好一一听之,处士逃。"这就是滥竽充数的来源。几千年来,人们一直把南郭先生作为以次充好、以外行充专家的典型,但却很少有人考虑产生南郭这种人的制度原因。

南郭这种人产生的原因不在于南郭的本性懒或爱诈骗,而在于制度的不合理。人是理性的,即要在付出劳动既定的情况下利益最大化,或者在获得利益既定的情况下付出的劳动最小化。齐宣王实行的是一种平均主义大锅饭制度，"廪食以数百人"，无论竽吹得如何，付出了多大劳动，都得到同样的一份食物，吹竽者当然要出力越少越好——装出一副吹的样子而不用力吹。吹竽是一种集体行为（合奏），因而南郭先生就可以"搭便车"了。如果齐宣王继续活下去，甚至万寿无疆，可以设想，这个吹竽团必定垮台。南郭处士不吹而仍可获得同样食物会作为一个榜样，引起更多人效仿，或者真正吹得好又出力的人离去，剩下南郭这样的人，这时看似有 300 人在吹，实际却一点声音没有，齐宣王也会解散乐团。这就是平均主义大锅饭所引起的集团无效率。如果只有南郭处士一个人在混，其他 299 个人仍在用力吹，那也罢了，但南郭的示范效应会使每个人都成为南郭处士。这就是经济学家常说的，坏的制度使好人也会做坏事——许多勤奋而有才华的吹竽手变懒。

我们对齐宣王的这种平均主义大锅饭制度并不陌生。计划经济下收入分配的特点，正是这种平均主义。当时人们收入差别很小，基尼系数仅为 0.17 左右，只要进入一个单位就可以混下去，甚至可以做一天和尚不撞一天钟。整个社会效率低下，人们处于共同贫穷之中。其实不仅仅是计划经济，任何一个地方，只要实行这种平均主义大锅饭，都会有同样的结果。美国著名的宝丽莱公司以生产一次成像的照相机而辉煌了几十年，但却在进入 21 世纪时破产了。它破产的原因是多方面的，但其中一个重要原因是实行齐宣王一样的大锅饭分配方式。该公司的销售人员实行固定工资，而不是其他公司通常所采用的按销售额提成。这样销售人员中必然就会出现南郭处士。时间一长，不愿当南郭处士者走了，留下的都是南郭先生，在一次成像的照相机遇到其他替代品竞争时，没有销售人员的努力，自然会失去市场，最后破产。

要使南郭处士这样的懒人变得勤劳，靠的不是道德说教，而是制度的改变。当齐湣王改变了制度，要一个人一个人地吹竽时，南郭处士只有两条路，或者努力学吹竽，或者被淘汰。南郭处士没有吹竽的天才，只好逃之夭夭。淘汰了南郭处士这样的人，就激励了其他人，效率必定提高。其实人的懒惰或勤奋不是天生的，而是制度引导的结果。一种平均主义大锅饭制度可以把勤劳者变为懒人，一种有效率的激励制度也可以把懒人变为勤劳者。一位美国记者20世纪50年代到韩国时发现韩国人很懒，他对韩国感到失望。但当他80年代又到韩国时，韩国人的勤劳却感动了他。韩国人的本性并没变，使他们由懒惰变勤奋的不是思想觉悟的提高，而是制度变了。这就是经济学家常说的另一句话，好的制度使坏人也会做好事——懒惰的南郭处士不得不勤劳，否则就被淘汰了。如果当时齐国都采用宣王那样的方法，南郭处士就不得不学点其他技能了。

哲学家经常爱讨论人性善还是人性恶的问题。经济学家认为，这种讨论毫无意义。"人一半是野兽，一半是天使"，人性中有恶的一面，如利己、贪婪等，也有善的一面，如同情心、奉献等。而且，人性的善恶本身并不重要，重要的是人的行为。引导人的行为的是制度。制度规范人的行为，人的行为是对制度的一种反应。这就是说，制度给人以激励，人的行为是对这种制度的反应。用道德说教去改变人性是无用的，要用制度去引导人性。在合理的制度之下，恶的人性也会产生好的行为；在不合理的制度之下，善的人性也会产生坏的行为。市场经济制度把人利己的本性引导向有利于社会的行为，独裁制度下善良的明君也会危害社会。产生南郭处士的不是南郭本人的人性如何，而是齐宣王的平均主义大锅饭制度；使南郭处士逃跑的也不是他良心发现，而是齐湣王改变了制度。

在设计制度时不是假设人性好，而是假设人性坏。在这种假设前提下设计的制度才能使善的人性充分发挥，恶的人性得到制约。齐宣王的错误在于假设每个吹竽者都同样会吹竽而勤奋。齐湣王的正确在于假设每个吹竽者的技能不同，勤奋程度不同。假设每个吹竽者技能都差、都懒，一个个地吹，他们就不敢不努力了。制度不同，结果完全不同。

在滥竽充数这个故事中，该指责的不是南郭处士，而是齐宣王。过错不在南郭处士滥竽充数，而在齐宣王的制度引起了滥竽充数。明白这一点，滥竽充数这个故事就有了更深远的现实意义。

盲目套用如东施效颦

《庄子》中的"东施效颦"已成为一个成语,可见这个寓言流传之广了。西施是美女,一举一动都让人喜欢。她心口痛,难受得皱起眉头,用手按着心口。这种病态美博得了人们的同情。东施是丑女,总想当美女,长相是父母给的,没法换,就学西施的一举一动,连西施病态的按心口、皱眉头也学。结果"其里之富人见之,坚闭门而不出;贫人见之,挈妻子而去之走"。庄周的结论是:"彼知颦美,而不知颦之所以美"。

东施效颦这个成语可以指许多事,例如,有了几个钱就想装贵族,落后地区经济还没上去就先搞机场,无论什么体形都留明星发式，等等。不过就经济学而言，还是不顾自己的实际情况，盲目地照搬发达国家的模式。

西施皱眉头美的原因是她本来就美，换言之，她皱眉头更具另一种美的前提条件是她天生丽质。如果像东施那样不具有天生丽质的前提条件，再皱眉头也不会美，甚至会有相反效果。这正是经济学家所说的，经济理论是根据一定的假设条件推导出来的，能否适用于某个具体国家或地区，就取决于是否具有这种假设条件。不从实际出发，照搬现成的理论——尽管这些理论已被其他国家证明是正确的，或者套用别国已有的经验——尽管这种经验在别国也是成功的，结果只能是东施效颦。

这一道理并不复杂，但人们犯错却往往就是在这些常识性的道理上。比如说，在建立企业激励机制这个问题上，有人主张引进在美国相当成功的股票期权制。股票期权是给企业高管在一定时期内按双方协议的价格购买一定量股票的权力。如果企业长期盈利能力提高，股票价格上升，高管就可以从股市差价中获得高收入。这种激励机制把高管的努力、企业的业绩（长期盈利能力）和高管的收入联系在一起，的确起了有效的激励作用。美国在纳斯达克上市的高科技企业中有90%以上都采用了这种机制，说明这种机制是好的。

那么，这种机制适不适用于我国一些大型上市的国企呢？这就要看前提条件了。

实行股票期权的一个前提条件是市场经济完善。特别是企业是完全独立的法人主体，有平等竞争的环境，企业业绩的好坏与高管的能力与努力密切相关。但我们现在的许多大型上市国企，实际上仍然是由政府控制的企业，其业绩好坏与高管的能力和努力相关性并不大。有些企业具有政府赋予的行政性垄断地位，又无偿占有国有资源，派谁去都会有盈利。这样企业的高管获得高额股票期权收入合理吗？另一种情况是政府变来变去，一会儿要国企兼并破产企业，一会儿又让它强强联合，企业没有自主权，高管都是听命于政府的有行政级别干部（正局或副局），这样的企业搞不好能怨高管吗？他们的业绩上不去，公司利润上不去，股票期权收入拿不到，能服气吗？国有企业只要姓"国"，由政府控制，就谈不上是市场经济的企业，在这种情况下采用股票期权真正是东施效颦。

实行股票期权的另一个前提是股市要完善。在这种股市上，股价由供求关系决定。当一个企业长期盈利能力提高时，其股票需求增加，价格上升。这种股市称为有效市场，股价变动可以反映出企业经营状况。但我国的股市还远远未达到这个水平。尽管专家对股市看法不一，但政府干预过多，行为不规范，是较为一致的看法。这种股市上的股价无法反映出真实的企业业绩，这样的股票期权又如何能有激励作用呢？

最后，股票期权制的实施要有一套完整严格的财务制度。连美国这样财务制度称得上严格的国家，都出现了安然、世通的高管为获取股票期权的收益而造假账的事。在我们这种财务制度还很不健全的国家，安然这样的事件岂不更多了？"包装上市"形象地说明了一些上市公司的作假行为，上市都可作假，"包装获取股票期权收益"不也是小菜一碟？

股票期权仅仅是我们千万别学西施的一个例子。其实这些年改革中我们吃了不少东施效颦之亏，先是要学什么匈牙利模式，以后又要学韩国模式（政府主导型市场经济），其结果呢？哪个模式都不适用于中国，最终要走的还是自己的中国模式。东施之错正如庄周所说："不知颦之所以美。"用在经济学上就是只知道人家成功，而不知成功的原因，就想"克隆"了。

美国经济学家弗里德曼说过，经济学原理其实很简单，关键在运用。如果可以简单地东施学西施，运用不就太简单了吗？走市场经济之路，保护产权，实行开放，这是经济发展的几个共同规律。这些规律让经济学家论证起来可以很复杂，但道理是简单的。各个国家走过的路都不完全一样，经济学的难点不在于了解这几个规律，而在于如何根据自己的实际情况去进行运用。

历史上传说东施是丑女，丑女当然不能像西施那样去打扮或皱眉头。但东施其实也有美化自己的方法，比如穿适合自己的衣服，按自己的特点化妆，或者提高修养，以内在气质弥补外表之不足。丑并不可怕，怕的是要学美女的一举一动。同样，落后也不可怕，怕的是盲目套用发达的模式。以东施为戒，走自己的路，这就是我们的结论。

将实话请回来

说实话难,说真话难,这是古人早就知道的。《伊索寓言》中的《旅人和名叫"实话"的女子》正是讲这个道理的。

有人在沙漠旅行。发现一个孤单的女子,她的目光凝视着地面。旅人问:"你是谁?"女子回答:"我的名字叫作'实话'。"旅人又问:"你为什么要远离城镇,到这荒凉的沙漠中生活呢?"那女子回答:"因为以往只有为数不多的人说谎,而如今你和人交谈,听到的全是谎话,再也没有实话的容身之地了。"作者评论说:"诳语盛行,实言遁迹,世风日下,民不聊生。"

如果不说这是伊索寓言,你一定会以为是当代哪个人的感叹，因为今日的假话也太多了，名作"实话"的女子大概在地球上都无以容身，只好随探索者飞船到火星上去了。

人总难免说点假话。有些是善意的，如某人得了绝症，别人告诉他不是什么大病，很快就会好。有些是无奈的，如迟到的学生总要编一点堵车之类的理由。只要不是像伊索所说的"诳语横行"，假话也没什么危害，说点假话也不值得大惊小怪。我当老师从不揭穿迟到学生的假理由，他编点假话，无非要面子上过得去，没什么危害。但如果是关键问题上说假话，尤其是经济统计数字造假，那麻烦可就大了。1997年东亚经济危机的爆发原因是多方面的，其中一点则是这些国家统计数字造假。美国经济学家克鲁格曼在《萧条经济学的回归》一书中指出，一些东亚国家统计数字的真实性值得怀疑。"通常，政府的高官都喜欢听好消息，而那些受他们恩惠的人，不只是统计部门的工作人员，还有那些地方政府的官员和商业人士，向他们提供了原始数据，以供统计工作者采用。这样，就很容易出现粉饰太平的现象。"他甚至断言，有的国家"通过更为审慎地收集和分析的数据所显示的增长率，会比官方数据所显示的低一半以上"。虚假的数字给人们造成繁荣的假象，国外短期资本纷纷进入，这就产生了过热的泡沫。一旦真相大白之后，国外资本纷纷撤走，金融和经济危机就不可避免了。

统计数字造假和学生编个迟到借口完全不同，因为前者的危害极大。克鲁格曼指出，当年民主德国统计数字造假，其人均收入为联邦德国的80%，甚至比联邦德国农民的收入还高。但统一后却发现，民主德国其实只是第三世界水平。这种用统计数字造假来欺骗人民的结果就是失去人民信任，柏林墙倒塌，民主德国被联邦德国统一。

谁都知道造假不好，连最爱听假话的人也常叫别人实事求是。但在现实中为什么名叫实话的女子却被赶到沙漠里，甚至火星上了呢？我想把这位实话女子赶走的是一种激励机制。人是理性的，行为的目标是利益最大化。因此，他们在做出某种行为决策时一定要有意无意地进行成本——收益分析。他们只从事收益大于成本的行为。把这个原理用于假造统计数字，那就是，当造假的收益大于成本时，人们造假必然成风，什么力量也抗拒不了。只有当造假的成本大于收益时，人们才会把名叫实话的女子请回来。假统计数字正是产生于造假的收益远远大于成本这种激励机制。造假收益大而无成本，说真话成本大而无收益，谁还要名叫实话的女子呢？这些年来，像"大跃进"时代那样的群众性造假运动没有了。但在一些地方，统计数字造假现象却并没有灭绝。究其根源，还在于这种激励机制上。过去，我们习惯于把GDP增长率作为评价官员政绩的最重要甚至唯一指标。增长率"一俊遮百丑"。政绩又成为官员提拔的依据。官员希望提升是一种理性目标，无可厚非。如果这种机制能鼓励官员把精力放在发展经济上，造福一方，这种机制当然是有效的。但经济增长总是不平衡的。一些地方由于条件所限，增长率不高。于是，一些官员就在上面的压力（达不到某种增长率就免职）和动力（达到某种增长率就提升）之下，开始假造统计数字。这种造假的收益极大（火箭式提升），成本没有（即使被揭穿也不受处分），当然假造统计数字就是官员的理性行为了。民间所说的"数字出官，官出数字"正是对这种机制的形象化概括。在这种机制之下，名叫实话的女子无生存之地，只好逃到沙漠、火星去了。

如何把名叫实话的女子请回来？当然是改变这种激励机制，让造假的成本远远大于收益。我国已出台的"统计法"加大了对统计数字造假的惩罚力度，正是为了维护统计数字的严肃性和真实性。当然，长期造假使名叫实话的女子走得太远了，太久了，要把她请回来非花大力气不可。但无论要花费多大力气，都一定要把这位名叫实话的女子请回来。

经济中的狼与羊

《伊索寓言》中的《狼和小羊》是每个上过小学的人都知道的故事,强悍的狼抱着"不管你多么能言善辩,反正我得把你吃了"的信念,吃了这只无辜的小羊。引申出来也就是强者对弱者的欺凌无理可讲。寓言讲的是动物,影射的当然是人类社会。大国欺凌小国,强国欺凌弱国,当权者欺凌老百姓,富人欺凌穷人,都是"狼与小羊"的翻版。不过,我今天想说的是经济中的狼与羊——垄断者与消费者。

独占市场的垄断者可以被比喻为狼。这种垄断者有两种情况。一是自然垄断者，或者由于它垄断了某种特殊的自然资源，或者由于这个行业属于成本递减行业——随着产量增加，平均成本一直在下降，以至于只要有一家企业就可以满足整个市场的需求。自然垄断是由这些特殊原因形成的，我们无可奈何（当然，随着技术进步也可以打破个别行业的自然垄断——例如，近年来电力供给的自然垄断正在被打破，但自然垄断作为一个现象仍会存在）。另一个是行政性垄断，即由政府赋予的垄断权力。我们的市场经济是由计划经济转型而来的。在计划经济下，行政性垄断普遍存在。因此，在转型尚未完成的今天，行政性垄断仍然是相当严重的。如果是自然垄断和行政性垄断的结合，那这只狼就成了"狼精"了。

我这样说不是书生空发议论。现实中有线电视行业就是这样的情况。有线电视这个行业具有成本递减的特点，当属自然垄断行业。现在让谁经营这个行业由政府说了算，不是竞争的结果，因此又具有了行政性垄断的本质特征。这样的"狼"对我们这些消费者"小羊"的态度就可想而知了。这也是言之有据的。

北京某有线电视公司（当然也是唯一的一家）曾经决定把每月收费从12元增加到18元，涨幅达50%！当然，如果成本增加了，或有什么合理原因必须涨，也无可厚非。但这家公司面对媒体、公众的责问一言不发，既没有任何解释，也没有听证，对小羊照吃不误。以前的消费者离不开有线电视（需求几乎无弹性），只好任它宰割了。难道小羊真的无可奈何了吗？

《伊索寓言》中还有几则关于狼与羊的故事，颇有启发意义。一则"小山羊和狼"说，小山羊在屋顶上游荡，看见狼从下面经过，便一个劲地辱骂和讥笑它。狼回答说："嘿，原来是你啊！要知道，骂我的可不是你，而是你脚下的屋顶。"作者说本则寓言意谓："兼备天时地利，弱者勇气陡增，足与强者抗衡。"

在现实中，什么是使消费者可以勇气陡增的"屋顶"呢？我想，在市场经济中应该是法律。在各国的法律中，反垄断法都是重要的内容。这种法律的目的是不让狼这样的垄断者欺凌小羊一般的消费者。一方面，要对垄断者的行为进行限制，例如，像有线电视这种垄断者的定价要由政府指导，经过广泛听证并经批准，不能想涨多少就涨多少。当然，这种限制也不容易，狼尽管不如狐狸狡猾，也总有一些对付的手段。另一方面，更重要的是打破一家垄断，促进竞争。一只狼，小羊害怕，狼多了，狼们竞争，小羊就安全多了。也许在一定的条件下，自然垄断还不容易打破，但总可以打破行政性垄断。例如，不是由政府指定某一家经营，而是由几家企业竞争这种垄断性经营权。许多国家的有线电视经营者就是竞争出来的。竞争的结果总比行政指定的要好。

再好的法律，还是要执法部门实施的，否则小羊的这个"屋顶"也经不住狼的攻击。《伊索寓言》中把狗作为羊的保护者。一则"狗和狼"的寓言说，狼劝狗把羊群交出来，由它们共同享用，狗听了话，结果自己也被吃了。将其用于影射现实就是政府监管者与垄断者之间的勾结了。经济学家曾提出一种"俘获论"，认为政府监管者有可能被垄断者"俘获"，为垄断者服务。美国的卡车运输、民航等行业在取消监管之后利润反而下降。这说明当有监管时，监管者当了垄断者的俘虏。监管者为垄断者服务，与之勾结起来共同欺凌消费者也许会得到一时的利益，但最终还是会被狼吃掉——当监管起不到应有作用被取消时，它不就等于被吃掉了吗？另一则"狼和羊"的寓言说，羊受到了狼的欺骗把狗交出去了，结果可想而知。我想，如果消费者不与秉公执法的监管者合作，大概会与羊把狗交出去有些类似吧。

其实消费者避免受欺凌关键还是自己有保护意识。另一则"小山羊和狼"的寓言说，狼要吃掉羊，羊说："你总得让我死得风光一些，你吹箫，我来跳舞。"狼吹起箫来，羊跳舞，狗闻声而来，狼只好逃了。多聪明的羊啊！如果我们消费者不再逆来顺受，而是懂得用法律和舆论来保护自己，垄断者不也会收敛一点吗？

羊与狼是一个食物链，羊被吃是自然规律，但垄断者与消费者却并不是这种关系。从长远来看，即使是垄断者，也只有关注消费者的利益才能兴旺发达。比喻总是蹩脚的，寓言总不能与现实完全一样。所以，还没有找到狼与羊共荣共存的寓言。不过这个道理对垄断者与消费者来说还是正确的。

庄周的交易双赢论

在古代的哲人中我最喜欢庄周。这位老先生风趣幽默,生性豁达。在他的《庄子》一书中有许多至今仍为人们津津乐道的寓言,《不龟手药》就是其中一篇。

这个寓言讲的是宋国有户人家,擅长生产预防冻疮的药(称为"不龟手药"),世世代代以在水中漂洗丝絮为业,这种药用于保护自己的手。有个外地人知道了这件事,以百金的高价买走这种药的药方。买药方者把它献给吴王。吴越在冬天打了一场水战,由于吴王的兵用这种药保护了手而获大胜。吴王把一大片土地赏给献药方者。此人以百金买药方而大富。

庄周对这件事的评论是:"能不龟手一也,或以封,或不免于洴澼絖,则所用之异也。"用现代经济学语言说,就是同样的资源,用于不同的地方,其价值差别相当大。使这个不龟手药方增值的是产权交易——宋人把药方卖给了那个外地人。庄周老先生大概不会想到,这个寓言也说明了产权交易的重要性。

市场经济的制度基础是产权明晰,所以,市场经济国家的立法无一不把保护产权作为基本原则。产权之所以重要是因为产权使所有者权责利一致,即所有者有权使用自己的资源,获得由这种使用中得到的利益,也承担使用不当的责任。在这种情况下,所有者就会最有效地利用自己的资源。产权之所以重要的另一个原因是有明确所有者的产权才能交易。交易的前提是产权,即你能出卖属于自己的东西。交易的实质是产权的交易。

传统公有制的效率低下正在于产权不明晰使产权交易不可能。在全民所有制之下,所有者只有一个——国家。当普天之下"非土莫王"时,交易就不存在了,哪有自己交易自己东西的呢?因此,计划经济下只有按上级指令调拨的资源,只有"一平二调",而没有交易。集体所有制,由若干人共同拥有,所有者人数众多,交易的困难在于这些所有者达成一致协议的交易费用太高。在上述寓言中,药方的所有者是整个宋人家族。这个宋人是在召集全家族人(所有所有者)商议达成一致协议后才出卖药方的。如果家族中有些人反对卖，这笔交易就无法进行了。如果这个家族达成协议要多次开会，所需交易费用高，以百金出卖还低于交易费用，这笔交易也无法进行了。庄周老先生没有谈到这些复杂的情况，还是颇懂点现代经济学"假设其他条件不变"的方法呢！

产权交易可以使同样的资源带来更多收益，对交易双方都是有利的。这就是交易的双赢性质。在这个寓言中，宋人得到百金，他懂得这笔交易有利，是因为他用不龟手药洗丝絮一辈子赚的钱也没有百金。而且，在这种交易中，宋人仅仅出卖了专利权，他还可以用这种药洗丝絮。买者用百金买到药方有利，是因为他看到这种药在军事上具有更大的价值。交易并不是等价交换，对双方来说，都是所得到的大于所付出的。资源正是在不断交易的过程中不断增值，这也是社会资源配置实现最优化的动态过程。资源，无论其初始产权如何配置，即无论最初属于谁，只要可以自由交易，最终都可以流到使用效率最高的人手中。用我们这个寓言来说，只要有自由交易，无论这个药方是宋人的、齐人的，还是晋人的，最终都会流到吴王手中，因为吴王使用这个药方的效率最高。

如果我们把不龟手药作为国有企业或国有资源，这个寓言就有现实意义了。如果一个国有企业在原来的体制下只能生产价值1亿元的产品，且没利润，就像不龟手药在宋人手中那样。如果这个企业卖给私人之后可以生产价值2亿元的产品，且利润为1亿元，正如将不龟手药卖给了外乡人一样。这个企业为什么不卖掉呢？如果双方谈判的交易价格为1.5亿元，各得利5000万元，岂不是双赢吗？我们还可以用拍卖的方法来出卖国企。除这个外乡人之外再找几个买者，药方可以卖得更贵。只要拍卖的过程是公开的、透明的，没有腐败官员的暗箱操作，就不存在国有资产流失问题。一种资产的价值不在于你当初投入了多少，而在于它能带来多少收益。当初投资1个亿的企业，如果能带来的收益现值远达不到1个亿，其资产价值就不是最初投资的1个亿。如果它根本不能生产，是一堆破烂，恐怕就毫无价值。这正如药方在宋人手中不值钱一样。在不龟手药的交易中，那个外乡人作为中间人是重要的。他把药方由宋人手中交到吴王手中，实现了增值，他得到封地当之无愧。现在应该有人当这个外乡人。

一些大型国企，恐怕是无人买得起。但这种国企同样可以交易。这就是实行股份化，它所交易的不是整个企业，而是部分股权。允许这种股份在市场上完全流通，最终会由能使这种企业带来效益最高的人控股。这时就通过交易实现了这种企业效率的提高。交易的基础是产权明晰，股份化也正是为了这一点。仅搞一点形式上的股份化而禁止股权交易，仍无法提高效率。

古人并不知经济学为何物，但他们的一些经济思想却至今仍令我们折服。庄周的"交易双赢论"就是一例吧！

消费的功劳

18世纪初,一个名叫孟迪维尔的英国医生写了一首讽喻诗——《蜜蜂的寓言》。这首诗叙述了一个蜂群的兴衰史。最初,蜜蜂们追求奢侈的生活,大肆挥霍浪费,整个蜂群兴旺发达。后来它们改变了原有的习惯,崇尚节俭,结果蜂群凋敝,终于被敌手打败而逃散。

这首诗所宣扬的"浪费有功"在当时受到指责。英国艾塞克斯郡大陪审团委员们就曾宣判它为"有碍公众视听的败类作品"。但在200多年之后,这部当时声名狼藉的作品却启发凯恩斯发动了一场经济学上的"凯恩斯革命",建立了现代宏观经济学和总需求决定理论。

在20世纪30年代之前,经济学家信奉的是萨伊定理。萨伊是18世纪法国经济学家。他提出供给决定需求,有供给就必然创造出需求,所以,不会存在生产过剩性经济危机。这种观点被称为萨伊定理。但20世纪20年代英国经济停滞和30年代全世界普遍的生产过剩和严重失业打破了萨伊定理的神话。凯恩斯在批判萨伊定理中建立了以总需求分析为中心的宏观经济学。

凯恩斯认为,在短期中决定经济状况的是总需求而不是总供给。这就是说,由劳动、资本和技术所决定的总供给,在短期中是既定的,这样,决定经济的就是总需求。总需求决定了短期中国民收入的水平。总需求增加,国民收入增加;总需求减少,国民收入减少。引起30年代大危机的正是总需求不足,或者用凯恩斯的话来说,是有效需求不足。凯恩斯把有效需求不足归咎于边际消费倾向下降引起的消费需求不足和资本边际效率(预期利润率)下降与利率下降有限度引起的投资需求不足。解决的方法则是政府用经济政策刺激总需求,包括增加政府支出的财政政策和降低利率的货币政策,凯恩斯强调的是财政政策。

在凯恩斯主义经济学中,总需求分析是中心。总需求包括消费、投资、政府购买和净出口(出口减进口)。短期中,国民收入水平由总需求决定。通货膨胀、失业、经济周期都是由总需求的变动所引起的。当总需求不足时就出现失业与衰退。当总需求过大时就出现通货膨胀与扩张。从这种理论中得出的政策主张称为需求管理，其政策工具是财政政策与货币政策。当总需求不足时，采用扩张性财政政策（增加政府各种支出和减税）与货币政策（增加货币供给量降低利率）来刺激总需求。当总需求过大时，采用紧缩性财政政策（减少政府各种支出和增税）与货币政策（减少货币量提高利率）来抑制总需求。这样就可以实现既无通货膨胀又无失业的经济稳定。

总需求理论的提出在经济学中被称为一场"革命"（凯恩斯革命）。它改变了人们的传统观念。例如，如何看待节俭。在传统观念中，节俭是一种美德。但根据总需求理论，节俭就是减少消费。消费是总需求的一个重要组成部分，消费减少就是总需求减少。总需求减少则使国民收入减少，经济衰退。由此看来，对个人是美德的节俭，对社会却是恶行。这就是经济学家经常说的"节约的悖论"。《蜜蜂的寓言》所讲的也是这个道理。

凯恩斯重视消费的增加。1933年，当英国经济处于萧条期时，凯恩斯曾在英国BBC电台号召家庭主妇多购物，称她们此举是在"拯救英国"。在《通论》中，他甚至还开玩笑地建议，如果实在没有支出的方法，可以把钱埋入废弃的矿井中，然后让人去挖出来。已故的北京大学经济系教授陈岱孙曾说过，凯恩斯只是用幽默的方式鼓励人们多消费，并非真的让你这样做。但增加需求支出以刺激经济则是凯恩斯本人和凯恩斯主义者的一贯思想。

那么，这种对传统节俭思想的否定正确与否呢？还是要具体问题具体分析。生产的目的是消费，消费对生产有促进作用，这是人人都承认的。凯恩斯主义的总需求分析是针对短期内总需求不足的情况。在这种情况下刺激总需求当然是正确的。一味提倡节俭，穿衣服都要"新三年旧三年缝缝补补又三年"，纺织工业还有活路吗？这些年当我国经济面临需求不足时，政府也在努力寻求新的消费热点，说明这种理论不无道理。

当然，这种刺激总需求的理论与政策并不是普遍真理。起码在两种情况下，这种理论并不适用。其一是短期中当总供给已等于甚至大于总需求时，再增加总需求会引发需求拉动的通货膨胀。其二是在长期中，资本积累是经济增长的基本条件，资本来自储蓄，要储蓄还要减少消费，并把储蓄变为另一种需求——投资需求。这时提倡节俭就有意义了。

凯恩斯主义总需求理论的另一个意义是打破了市场机制调节完善的神话，肯定了政府干预在稳定经济中的重要作用。战后各国政府在对经济的宏观调控中尽管犯过一些错误，但总体上还是起到了稳定经济的作用。战后经济周期性波动程度比战前小，而且没有出现30年代那样的大萧条就充分证明了这一点。

世界上没有什么放之四海而皆准的真理。一切真理都是具体的、相对的、有条件的。只有从这个角度去认识凯恩斯主义的总需求理论才能得出正确的结论。其实就连《蜜蜂的寓言》这样看似荒唐的故事中不也包含了真理的成分吗？

杞人忧天的先见之明

《杞人忧天》是一个知名度相当高的寓言,出自《列子》。虽然领袖没有把这个题目写成一篇文章,但也经常引用。读领袖的书,极大地普及了中国寓言和成语,好事也。

这个寓言说,有个杞人成天担心天会塌、地会陷,无法自拔,吃不下,睡不着。这个寓言是讽刺缺乏根据和不必要的忧虑。用今天的话说就是,这个杞人"有毛病"——在当时的人看来恐怕也是精神不正常。但不幸得很,这个杞人看似缺乏根据和不必要的忧虑现在却变成了现实。化学物品(尤其是氟里昂)的污染使天空臭氧层出现了漏洞——天塌了,所有生物都受到了伤害。在东北、山西一些地方由于煤矿过度开采又不回填，地层下陷——地也陷了。我们真不得不佩服，还是精神不正常的人有先见之明。

自从有人类以来，人就开始了破坏大自然的过程。特别是人认识到自己是万物之灵，又有改造自然的能力，加上技术发展给了人毁坏大自然的工具之后，人类对大自然的破坏一直在加剧。一部近代技术发展史，既是生产力极大提高、物质财富迅速增加的历史，也是大自然惨遭破坏的历史。没有人担心大自然的报复，有个把杞人这样的人还被称为神经病，人的破坏就更胆大妄为了。

然而别以为大自然是逆来顺受的。大自然总要报复那些破坏它的人。据说古老的玛雅文化就毁于大自然的报复。玛雅人口迅速增长，创造了今天仍为我们佩服的文化，宏伟的城市，高大的庙宇，无数艺术珍品。但玛雅人是在破坏大自然中发展的，成片的森林被砍伐，草地被烧荒，一片土地一旦自然肥力耗尽之后就又去开发新土地。这就引起山洪暴发，自然资源不能满足玛雅人的需求，生存危机引发部族战争。于是，玛雅文化的死期也就到了。别以为这是危言耸听，许多地方尽管没有发生这种整体生存危机，但山洪暴发加剧，空气污染（伦敦雾），水污染（日本水俣病），大大破坏了自然生态平衡。这些给人类带来的灾难已经危及人类的生存。杞人之忧的证明越来越多，也越来越明显。

社会经济发展与自然生态平衡的确是一对矛盾，要发展经济，或多或少，或重或轻，总会给自然界带来破坏。但人类社会也不可能就为保持原有的生态平衡而不发展经济。问题是人类应该有杞人之忧，在发展经济时注意保护环境。如果当初杞人之忧受到重视，今天的环境破坏就不会如此严重了。杞人的担忧当时的确没有根据，充其量只是"天才的闪光"。但有许多有科学依据的忧虑却也被忽视了。马尔萨斯当年提出人口论，正是担心人口迅速增长对土地带来的压力。土地毕竟是有限的，人口压力太大，过度利用，岂不破坏了这个"财富之母"？20世纪70年代，罗马俱乐部的专家们也从人口增长、粮食供给、资本投资、能源消耗、环境污染这五个方面分析了人类面临的困境。虽然他们悲观主义的世界末日模型让人难以认同，但他们对自然环境的担忧却并非没有道理。可惜他们也被指责为"带着计算机的马尔萨斯"。我属于对人类前途总体抱乐观主义的乐观派，但并不认为杞人们（包括杞人、马尔萨斯及罗马俱乐部的专家）全无道理。

我们应该有杞人忧天的意识，就是要有保护环境、保护自然生态平衡的意识。这并不是说要像罗马俱乐部专家建议的那样以停止增长为代价来换取保护大自然，而是要在增长中把自然生态与环境保护作为一件大事。中国自古就有"天人合一"的思想，这应该是最早的协调发展观。经济学讲究成本——收益分析，但成本——收益，不是仅仅指支出了多少实际成本，得到了多少实际收入，而应该是整个社会的成本与收益。也许从短期来看企业向江河大海中排出污水，利润巨大，也许地方政府保护这些企业，容忍他们污染可以增加财政收入，但这却不仅在整体上破坏了环境，而且从长期来看，当地和污染企业都会深受其害。一旦出现了玛雅那样的情况，整个地区荒芜，哪还有地方财政，企业又如何能生存？要是这些企业和地方的领导都有杞人之忧，那才是大幸。去看看黄河、长江、淮河、珠江，去看看中国的沿海，去看看那些号称工业基地的地方，你会深切感到我们太需要杞人之忧了。

过去，我们中有一些人把到处冒黑烟作为工业化成功的象征，为了大炼钢铁而成片砍伐森林，为了以粮为纲而削山、填海、填湖、毁林、毁草而种地。今天也还有人以污染江河湖海、挖地三尺来发展经济。这种情况再继续下去，就会毁灭我们及子孙美好的明天。

政府提出以人为本、协调发展的思路是非常及时的。以人为本就要增加人民的福利（而不仅仅是GDP），包括有一个良好的自然环境。协调发展就要协调经济与保护自然环境之间的关系。只有沿着这条路子走下去，我们才会有更辉煌的明天。

关心环境保护的杞人被当作神经病嘲笑了几千年，这是我们的悲哀。但愿在21世纪，全民都忧天、忧地、忧自然生态，并把这种忧虑变为保护自然生态平衡和环境的行为。

ECONOMICS LOGIC

第一篇
经济学中的生活逻辑

第二篇
经济学中的经商逻辑

第三篇
经济学中的治国逻辑

✓ 附 录

经济学与读书——北京大学讲座

大家好,我是1991年离开北大,第一次回学校和母校的师弟师妹做一个交流,感到特别愉快。而且大家学习都很忙,现在接近五一,又要出去玩儿了,我想可能没有多少人,但是有一个人我也要好好讲,没想到来了这么多人,大出我的意料之外,非常感谢各位同学,谢谢大家。

我今天讲的题目叫"经济学与读书"。

第一个问题,如何学好经济学。

我记得当年我在北大读研究生的时候,我的一个老师是罗先生,他当年已经八十多岁,但是当时在咱们国内是研究西方经济学水平最高的一位教授，我们很多最新的经济学概念都是他从国外介绍过来的。比如菲利普斯曲线，菲利普斯曲线讲到物价水平和失业率是反方向变动。这个词就是罗先生译出来，虽然现在很多人已经不知道罗先生了，但实际上罗先生的水平是非常高的。

因为罗先生是哈佛大学毕业的，当年他们的老师经常跟他们说，怎么学好经济学？必须具备三种知识：第一种知识就是经济理论，这也就是说你对于各个流派的不同理论，尤其对于各个理论的发展，一定要做到心中有数。第二，统计手段。换句话说，你做一个经济学家，你对于统计学、统计工具必须非常熟悉，这样的话你才能够研究好经济学。第三，历史。熊皮特当年还是很信仰马克思主义的，所以他经常引用马克思的话跟他们说，经济学本质上是一门历史科学，所以他说，作为经济学家必须对于历史有所熟悉。

他这三个看法，从现在看来应该说形式上没有变化，内容有变化。以下两种理论，我觉得我们必须牢牢掌握。

第一个理论是凯恩斯主义理论。怎么样从凯恩斯本人发展到后来的新古典综合派和新剑桥学派，以后又出了后凯恩斯主义，直至现在的新凯恩斯主义，这个脉络我们一定要基本清楚。第二条线路就是自由主义。自由主义怎么样从亚当·斯密一直到米塞斯和哈耶克，一直到美国的货币主义理性学派，现在叫新古典宏观经济学。这两条线路一定要抓住，这时候你就能掌握未来理论发展的方向。

第二个是统计，现在扩大了，就是数学。换句话说，如果你想把经济学学好，你的数学必须非常好。很多同学一听说，完了，我没上数学系，经济学没法学了。不是那么回事，实际上没有上数学系，以后学经济学照样来得及。咱们经济学院的教授平新乔，当年没学过数学，但是他在康奈尔大学经济学系学习，一边补数学一边学经济学，最后也拿到了经济学博士学位，论文写的挺好，在国内水平也挺好。所以经济学是可以学的，但是咱们还是需要数学。

第三个是历史知识。这一点非常重要，每一个经济学家为了证明他的理论，他要讲一点实际的证据。未来是不确定的，怎么回事谁也不敢说，所以一用证据一定是历史的证据，讲到金融危机又把历史的金融危机搬出来。可以这样说，当代的经济学家，但凡成名的，对于历史都是相当熟悉的，不敢说他专门研究历史，但他对历史相当熟悉，因此他们说明问题随时可以利用历史知识来证明自己的观点。所以熊皮特当年讲的三条对经济学非常重要。

我们每个学经济学的人是不是都要做到这一点呢？这就不一定了，学经济学，有个人不同的方向，咱们现在学经济学的同学肯定将来要做研究，要做高等学校的教学这样的工作，像北大这样的研究型大学，将来肯定有很多人出来要做这类工作。如果你做这类工作，就必须按照以上三条去做。如果你将来做一个研究人员，或者做一个高校的教授，你未来一定得出国拿一个洋博士。因为现在不管怎么说，美国的教学，我认为它的研究生教学非常好，他在研究生期间要学若干门课，这些课学完就给你的经济学奠定了非常扎实的基础，然后在这个基础上再写论文，通过写论文掌握科研的方法，你受过这种训练出来，未来学术前途一定非常远大。当然，能有多大前途呢？最好的前途是得诺奖，最不好的前途也可以混碗饭吃。好的前途得诺奖，不好的前途没关系，在哪个学校混个教授是没问题的，所以你要走这条路必须想着出国的事。

但是另一种前途，我们不必走这条路，我们不做研究型的，不做科研，也不去做高校的教师，而去做和经济学相关的事情。比如说你到公司里面当一个高管，这就是和经济学相关。再比如说，你到报社当一个媒体从业人员，这也是和经济学相关。说起媒体，上新闻专业是最没前途的，我老跟新闻系说你们学的什么烂课，新闻写作不用学，你文章照样写得好。当年"文革"的时候写文章最好的往往是理科学生，并不是中文系的。当年北大文科有一个组织叫0363，就是化学系63级的学生，文章经常写得极其好，畅快淋漓，当年非常有名。你们周校长就是那个63级的，是不是0363我不知道，但是周校长就是化学系63级的，他文章写得真好。文章用学吗？历史就是任人打扮的女孩子，到时候怎么打扮你自己看，不用学。至于新闻学概论，新闻学是党的舆论工具,是党的喉舌,这不用学你们也知道,所以我说新闻系不存在。如果真做新闻媒体,必须是专业出身,你学了一个专业然后再做新闻。

新闻东西好学,难的是专业。我们将来有经济系毕业的学生,要到新闻媒体从事新闻工作,这和新闻相关。再比如你进入政府做公务员,我们要特别清楚,政府公务员就是从事公共事务的管理,而不是当官,这个概念中国将来也一定要变。在三中全会上李克强总理强调,政府职能要转变,怎么转变?中国政府职能已经经历过两个阶段,第一个阶段,政府是靠阶级斗争的,因此公务员就是管老百姓,用阶级斗争老百姓。小平同志三中全会以后说,政府职能要转变,我们要从阶级斗争的工具转变为经济建设为中心。不搞阶级斗争,搞经济建设。但是搞经济建设谁主导?政府主导,因此那时候你还是官,什么官?主管经济工作的官。但是克强同志说,政府职能转变的第三个阶段,就是政府职能转变为管理职能,这时候政府的公务员就是管理的专家。比如说你是社保部的,你管养老问题,你就是研究老年问题的专家,这时候你才能做好政府管理养老事务的工作。所以以后你要做政府公务员,实际上也是一种专家,这种专家就是管理公共事务的专家,所以我们说这个事情也是和经济学相关的。

我们经济学专业毕业的学生,大部分学生还是要从事和经济学相关的工作,无论你进入企业从事管理工作,还是你进入政府去做公务员，这都是和经济相关的工作。从事这个工作，未来不想做学术型的，我们学习经济学就以可以不用按以上三个要求来做。就经济学专业水平来说，也可降低一些。

这点为什么重要呢，你进入大学，首先要确立一个目标，我将来到底喜欢做什么。我将来到底要做什么，这里面有一个选择问题。如果你说我将来想多赚点钱，这个也没错，不是说想赚钱就是很低级，没有这个意思。我将来想多赚点钱，我选择的工作可能就当企业高管，也可能我自己做企业。如果我将来不想赚什么钱，我喜欢做自己感兴趣的事情，你选择的方向又不一样，这时候你不受经济压力的强迫，你选择完全从个人的兴趣出发，这时候你反而能做好。有时候我经常讲，什么人能做学术研究？最好是有钱人，人家容易做学术研究。我最近看了一套书叫《罗马人的故事》，不知道你们看过没有，这套书写得特别好。过去我从来不看日本人写的书，因为我觉得日本人写的书层次都不高，这次看了《罗马人的故事》，我对日本人的看法立马改变。我看过许多罗马史，这是写得最好最清楚的一本罗马史，虽然是个通俗的作品，但是学术性依然很强。换句话说，咱们不懂罗马史的人看他的书，你可以看到整个罗马。研究罗马史的人，也供你进一步研究提供了基础。如果说家里条件好的，做学问真的挺重要。《罗马人的故事》这本书给日本学者挣回了面子，我过去看不起日本学者，这本书一看，才觉得不要小看日本人。这就是文化做的贡献。所以将来要做有兴趣的事情。

我也曾经主张富人，我说你们怎么样做这个捐赠，不一定捐给穷人，就做一种基金。比如你对什么问题有兴趣，你能提出一套有益的设想，我用基金支持你的研究工作，也许我将来支持了一百个人都失败了，但是其中只要一个人成功，我这个钱就没白花。你不能指望每个人都能够成功。而且我们也看到，文化事业就是要靠富人去支撑。意大利梅蒂奇家族，文艺复兴时期的一些画家、艺术家、科学家，都是他们家养活的。我们也知道中国的画里面，扬州八怪很有名，新安画派很有名，这两群画家谁养活着？徽州的盐商养活，这就是徽商。徽商当年赚了钱，就养一帮画家，养的方法很简单，你画的画，不管什么烂画，都高价收购。你画一个病梅，一看没什么意思，没关系，我无条件收购，我这个钱总能让你维持一份不错的生活。这时候才有扬州八怪，这才有新安画派，一个艺术家没有生活就没有艺术，饿死了还有什么艺术？只能是魔鬼现实主义，变成鬼了。所以我们有钱就要有这个决心。

我们同学有了钱以后也可以做这个，为什么呢？我们中国的强大绝不仅仅是GDP的强大，中国的强大首先是文化的强大，现在这叫软实力。但是话说回来，没有硬实力就没有软实力，但是有了硬实力你也不一定有软实力。所以我们同学将来如果有人有兴趣做这种学术工作，真正给我们中国的文化添姿加彩，我想这个贡献比你给 GDP 做的贡献都要重要。所以有的同学肯定要做这个文化事业。

我不是做专业的经济学研究者，我就是做跟经济学相关的工作，我应该怎么样学经济学呢？学经济学不要要求你对理论有多少了解，但是你对经济学的基本理论必须有一个了解。我们怎么了解经济学的理论呢？了解经济学理论，最基本的方法，首先是读一本经济学原理的书，你把这本书读好，你这一辈子就够用了。为什么这么说？我上大学，当年咱们的经济系叫政治经济学专业，我们学的就是政治经济学。当年老师跟我们说，你把《资本论》学好，政治学就拿下了。当年考试叫口试，考试出两个题，找一个旮旯，准备半个钟头，回来你给老师答题。这两个题有一个就是你背诵《资本论》第几章的内容，如果你这第几章内容说不出来，后面那些不用考了，回去吧，准备明年考试。所以当年逼得我们不得不背《资本论》，考试就是这样考，学生就是考试引导，你就得这样学习，所以我们自然就背。当然你死记硬背也不行，必须在理解之后再背，我们当年就这样学的。这个学的对我们有用吗？我觉得特别有用。我是 62 年上学，63 年学《资本论》，到 78 年我考研究生，就是考政治经济学，当年已经工作了，没有更多时间复习功课，靠过去的基础匆忙上阵，但是那年我的政治学考了 87 分，一直到我走以前都是经济系政治学最高的成绩。那就是当时奠定的基础，你当年把《资本论》背好了，那就是把政治经济学学好了，你打好那个基础，过多少年再考照样还行。

上研究生的时候，我们老师让我们读一本经济学的书，读什么书？老师的重要性就在于他会选书，他给你指出最经典的书来看。当年最红的书是萨缪尔著的《经济学》，但是他没让我们看这本书，他给我们读的是经济学教科书，他在一堆书里面最后选择这本给我们读，我们读完以后感到"终身受用"。所以书你不用多读，读一本教科书就行，读哪一本呢？我觉得最好的就是曼昆的《经济学原理》。因为这个书不光我说好，全世界人都说好。曼昆在哈佛大学开经济学原理，那个大教室将近一千人上课，他的书到现在也是最好的书。你们读这本书，不用读中文版，直接读英文版。读英文版对于提高你的英文水平和经济学水平特别好，你读中文的书一读就懂，但是一懂就忘，你读英文的书没那么容易，因此这时候逼着你一定要读懂它，所以我建议你们读英文版。有同学说英文版不好买，最简单的就是高教出版社把曼昆的《经济学微观和宏观》分别做了选编本，你们读那个书就可以。

怎么读好呢？你如果想读好，不要看中文本，你看英文本。看的过程中，你自己挑一些段落，再把它翻译出来，翻译出来以后再和中文版翻译去对照，你就会发现可能他翻译的比你好，你觉得我还没有想到是这样翻译的。但你也会发现，有时候你翻译的比他好。我们上研究生的时候，指定一本经典著作叫《马歇尔经济学原理》，当年我看《马歇尔经济学原理》，自己翻译，翻译以后和中文版对照，我发现有些人家译的确实好，但是有些他译的也不见得正确。当年译的很不标准，把斜率，有的人译成斜坡，斜坡和斜率意义完全不一样。这样对照花功夫大，但是提高非常明显。而且曼昆的《经济学原理》里面的新闻摘录，都从美国的报刊上摘的文章，然后来说明他的道理，每一版都一定是换的最新的新闻摘录。看美国的东西，看专业书不难，看小说也不难，最难的就是看现在的报纸杂志，你如果拿来报纸杂志就像看中国报刊杂志一样，那英文绝对过关。这个书里面就有很多的报刊摘录，都是《纽约时报》《华盛顿邮报》，都是些有名的报。你翻译这些新闻摘录的时候就会发现，译者哪些地方译的不错，哪些地方译的不够，因为确实新闻摘录特别难翻译。所以后来我的第五版以后，我加了梁砾，她是我女儿，也是咱们经济学院的学生，她到美国去留过学，她对美国生活非常熟悉。我们不熟悉的就翻译不出来，拿铁咖啡看了半天也不知道，这种词很多。

学经济学首先学一本教科书，只要学一本就可以，不用多看。但是这一本一定要把它学深学透。什么叫学深学透？就是看英文版本，而且有些段落自己翻译，这时候尽管你只读了一本书，但是这本书读好了，可以说受惠无穷。这是我过去的一个经验。

我们说读教科书，你是哪一个方向，你是哪一个专业，你再读一本哪个专业、哪个方向的专业教科书。我先把一般教科书读完，在这个基础上再找一本专业教科书去读。比如说我学国际金融、国际贸易的，你就读一本曼昆和另一个人合写的《国际经济学》，这个专业的书也一定要找权威的书，因为国际经济学，你到网上查太多了，但是同样的教科书，写的好坏差距非常大。有的书写的就是一座高山，有的书就是一堆狗屎，差距就这么大。所以这个书你特别要注意。你是做国际贸易的，最好的教科书就是《国际经济学》。比如学金融的，你要找一本相应的教科书，因为学金融的，我们国家很多金融概念和西方国家完全不一样，我们一说金融就是银行，实际上国外这叫货币银行学，属于微观学的一个分支。真正的金融学有两个问题，一是资产定价，股票怎么定价的，期货怎么定价的。二是公司理财，公司理财简单来说就是公司可以发行股票投资，也可以发行债券筹资，用哪个方法筹资各有利弊，发行股票筹资，筹了资不用偿还，给他多少分红那看企业的状况，因此拿来钱可以不负责任。但是你用股票筹资最大的问题，就是有可能丧失你的控股权，因为有人在证券市场恶意收购，就可能控制你公司的控制权，这时候你可能丢掉权利。人家讲日本一个故事，不知道是瞎讲的还是真事，一个老头儿和一个小伙子，两个人爱上同一个姑娘，于是展开了竞争，竞争的结果，年轻力壮的小伙子失败了，老头儿胜利了，这个小伙子好不服气，我这么壮居然弄不过一个老头儿，这不是很丢人吗？于是小伙子在市场上恶意收购，收购老头儿公司的股份，收购到一定程度，控股了，老头儿就被赶下去了，情场得意、商场失意。这说明你发行股票随时可能出现这样的状况，你说证监会不是有监管吗？这些监管都那么一说，52%汇报证监会，我收购4.9%，找一个哥们儿再收购4.9%，再找一个哥们收购4.9%，那不就控股了，这不是很简单的事情嘛。我们说如果债券呢，你的公司控制权绝对丢不掉，权利是能保证的，但是你得还本付息，这就是沉重的负担。简单说，各个筹资方法都有好处，都有坏处。

我们公司应该怎么筹资？公司财务理论或者公司理财理论就是讲这个问题，金融学实际就是讲这个问题，而且这两个问题未来非常有前途。未来社会金融非常重要，你看美国赚钱不就是金融吗？我们做这个东西未来非常重要。所以你如果想学国际金融，你别照中国这个，动不动银行、货币，这是两回事，这是宏观经济内容。而去读一本金融学的书，金融学的书也有一本，人大出版的，默顿写的《金融学》，在当前世界上也是非常权威的经济学。如果你学了经济学原理，你说我是金融专业，我是国际金融专业，或者我是其他专业，你就要相应的读一本你们学科权威的教科书，这本教科书读完，你对你这个学科就有一个全面的了解，在这个基础上再去做什么工作比较容易。即使你说我在金融行业，不准备搞理论研究，我就准备到公司里面具体工作，但是金融学这个教科书仍然要读，这是你的基础知识，这里面的很多名词，很多基本的方法都告诉你了，你把内容掌握了，在实践中再去学，这时候就来得及，就好办了。否则你连这个书都没学过，一说话满口外行，你们老板肯定觉得这小子能做金融吗？连说个词都不正确，中文怎么说，英文说不明白，那就很难有发展前途了。

所以说读书首先读一本教科书，而编写一本好的教科书对社会就是最大的贡献，我们记得萨缪尔曾说，我不在乎谁去制定国家政策，我不在乎谁搞什么理论，但是我在乎我写一本教科书。曼昆也是这样说的，也是这样类似的语言。这就说明人家好的经济学家，可能用很多的精力写教科书，但是这本教科书会影响一代又一代人，这种教科书我们应该读好。当然我说的本专业的书是不是最好的，我不敢说，因为我也是外行，我就是看过这些书，觉得这个书特别好。你们看书主要还是老师指导你们，所以我经常说老师的责任是什么？两个责任，一个是指导学生看书，在浩瀚无边的书海中，指导学生看什么书。你不要说看多少本，一开书单长长的目录，我看都是扯淡，动不动四书五经。老天爷，谁能看那些书啊！我敢保证，开书单本人他也没看过。资治通鉴30卷，二十四史没完没了，恐怕什么人都很难看完。所以老师应该把自己看过最好的书推荐给你。老师的第二个作用就是论文指导你正确的方向，这个非常重要。怎么样让你在很多的题目里面抓住一个题目，而且能够写得非常有意义。

所以经济学怎么学呢？如果你将来准备从事学术研究，我们有一个路子怎么学。如果你想从事跟经济学相关的工作，最起码要读两本教科书，一本教科书就是一般的经济学原理的书，第二本就是本专业的经典的教科书，这两本书应该读好。

实际上经济学，不光是学理论，你能不能做理论研究，你得有点认识，这个东西取决于个人的感性或者是悟性。有的人在美国读了博士，经济学基础没问题，但是回来谈中国问题，你总觉得不靠谱，为什么？因为他对中国问题缺乏感觉。国外有很多经济学家，理论基础相当不错，但是分析中国问题他就离谱。比如过去罗斯基，他曾经说中国2000年左右增长率是负2%到正2%。这个人并不是反华的，他就是一个书呆子，他的研究完全从资料出发，因此得出来中国人看着都荒唐的结论。为什么呢？对中国缺乏感觉。如果你要在中国生活过，你就会知道2000年以后的中国，加入WTO以后，中国经济发展极为迅速，怎么能是负2%，简直不可能。说明他缺乏具体的感觉。

再比如说，前一段卢比尼，就是"末日博士"，他预言了美国的金融危机，他给中国也有一个预言，他说当中国净资产率下降到每年0.5左右的时候，通货膨胀率上涨到0.5的时候，中国经济就要出现大问题，而且他给中国下的结论，这个问题的出现就在2013到2014年，现在2013年过去了，2014年也差不多了，中国有没有这种前景呢？没有这种前景。尽管我们现在中国经济困难，李总理也承认，下行压力大，这个谁也不否认，但是中国经济会不会出现大的崩溃？会不会出现大的问题？我想不会。他为什么得出这个结论？因为他对中国缺乏感觉。很多人对中国缺乏感觉，得出的很多结论，也不见得正确。

所以你将来要从事理论研究，首先看看你对中国问题有没有感觉。有感觉，我的研究肯定能出成绩。如果没有感觉，不一定能够研究得好。所以我们自己要下一个判断，经济学最重要的是感觉，感觉说不清道不明，但是就是那个认识。

第二个问题，读书。

我们说学好经济学，必须要看书。你如果当专业人士，当然你得看很多书，比如历史知识你要有，你得看很多相关的书。但是你说我将来不搞专业，我要不要看书？我说你同样要看书。而且看的书是不是仅限于经济学呢？不是，你要放宽你的看书范围，什么书都可以看。什么书都可以看是不是有用呢？我们说不上什么时候就有用。比如耐克的鞋，这个牌子起得好不好？非常好。但是当年这个牌子怎么来的呢？这是公司讨论出来的起什么名字，就像孩子生出来叫什么名字一样。孩子叫的名字非常重要。一个品牌名字更重要，起什么名字，他们公司讨论了好几次，也起不出来名字，但是总裁躺在床上的时候，突然想起来他读过的古希腊神话，古希腊神话里面有一个神叫耐克，他想起这个名字太好了，这个鞋子跑的，运动用的，而希腊这个神又是一个跑得快的神。起名字要简洁容易记，耐克这个名字第一次就记住。这就是因为他过去读了古希腊的神话，因此耐克这个名字立马就出现了。如果你没有读过古希腊神话就很难想出这个名字，你不知道耐克是干什么的就很难想出来。所以这就是看书有用。

而且对于我们来说，将来我们做企业管理，非经济专业书比你的专业还重要。我在美国康奈尔进修的时候曾经认识一个台湾的小伙子，这个台湾的小伙子到康奈尔学工商管理，他说他爸让他学工商管理，将来让他接班。他爸是台湾一个贸易公司的老板，让他接班。但是我发现他在康奈尔根本不学管理的课，就学艺术史、音乐史、美术史、红酒，就学这些课，不学管理的课。我就问他，你爸让你来学管理，你怎么学这些课呢？他说这真是我爸爸要求我的。他爸是当年圣约翰大学的学生，到台湾后找不到工作，所以他开了一个贸易公司，当年台湾这种公司多得很，他也就挂牌弄了一个贸易公司。但是有没有业务呢？业务很冷淡。他说有一次他爸爸喜欢莫奈的画，办公室挂了一幅莫奈的画。有一次美国人来了，看到这个画就跟他爸爸聊起来，法国印象主义、各种睡莲的不同特点，他爸爸圣约翰毕业的，英文没问题，艺术也没问题，两个人聊得很有劲。聊到最后，这个美国人说，我是美国公司派来的做中间商的人，我们下什么单，你们在台湾组织生产，我们想找这家公司，我去了若干个公司都不满意，感觉他们的老板缺乏文化素质，但是我到你这儿来，一看你有一幅莫奈的睡莲，这就不一般啊，敢把睡莲挂在这儿，肯定这个人有内涵。然后跟他爸爸一聊，他们两个都喜欢莫奈，马上就聊上了，所以这个美国人觉得这小子有文化素养。他爸爸就从这儿开始起步，从一家空壳的贸易公司，现在做到一家中等规模的贸易公司。所以他爸爸跟他说，从我创业的经历来看，做生意是要和人打交道，人家对你印象好，才可能和你做买卖，人家对你印象不好，人家就可能很难跟你做买卖。你怎么样让人对你印象好？你要和人家有共通的语言，什么共通语言？可能有人喜欢文学，你和他一聊马尔克斯怎么样，马上两个人都马克科斯起来，都魔幻起来，这就沟通了。可能有人喜欢音乐，你跟他说起贝多芬，你跟他说起当年不同的人，贝多芬有什么样的风格。如果你通过文化和人家交往，你们就能成为朋友，而你们成为朋友以后，贸易就好说了。所以他爸爸说，我做成的这个贸易公司，并不是靠工商管理学了多少，就是靠我对法国印象学派的一点了解，和别人交上了朋友。他说以后你做生意过程中，也会碰到各种不同的客户，他们有各种不同的爱好，你什么东西都懂一点，这买卖就能做下去。他说实际上经营管理这些东西，你根本不用学，你在实践中自己慢慢都明白了，而且你光学也学不会，但是文化的东西是要储备的。

所以做企业是不是光懂得投资、光懂得市场营销就可以呢？不行，而且应该这样说，市场营销是最没用的一门课，最没学问的一门课。不仅是我这样认为,前一年中央电视台二频道《对话》节目,有一个主持人就是哈佛大学 MBA 毕业的,一个女的,叫什么名字我忘了。她在主持的时候,有人问过她,你觉得你在哈佛大学学的最没用的课是什么?她挺认真地想了半天,最后说我学的最没用的课就是市场营销。我们学营销的人其实做不了销售,不学营销的人销售做得挺好。所以很多实践中学的东西你不用学,但是你要奠定基础,广博地读书,喜欢什么看什么,喜欢什么读什么,这些书也许现在你觉得就是看看,但是未来一定会有巨大的作用。

我们现在这个社会确实新东西太多,比如说手机,我觉得有时候也挺碍事的。我跟他们年轻人吃饭,先不能吃饭,先得等着他们挨个儿照下来,然后发微信出去,这才能吃饭。我也不敢吭声,老头儿不能适应时代,你也不能阻碍时代前进,所以我得耐心地等着。每个人都照完了,角度还不对,换个角度,然后再发出去。吃饭期间你发现,他们心也不在吃饭上,在手机上。现在有微信,有电脑,这个是时代进步,比如你上网找东西非常方便,这就是非常好的工具,你需要什么一搜索立马出来。这比我们当年省事多了,当年我们在图书馆一本一本看,一本一本找,累死了。现在网上搜索很简单,这个确实是好处。但是如果这个好处太扩大了,占了你多数的时间,你将来会后悔。为什么说纸质书不会消失呢,很多人习惯看纸质书,包括我认识的很多年轻人，尽管玩得很溜道，现在电子书也多得很，但是他们还是喜欢看纸质书。电脑上是不是这么方便呢？我不知道。

你们看什么书呢，现在大学这个阶段，应该广博地读书。读书读得广博，对你们未来的发展是必不可少的。人家对北大学生和专业院校的学生有一个比较。说北大学生的特点，刚来了工作不适应，因此北大学生做得不好。但是过一段时间，北大学生业务能力增长得特别快。专业院校毕业出来的学生，一来了非常熟悉，马上接头，工作就能做好，但是也就那个水平，一直提高不上去。所以他举例说，专业院校的学生上的是化肥，见效快，但是失效也快。北大的学生上的是有机肥料，因此起作用慢，但是作用时间长。我想这个话是对北大教育的肯定。

我们作为北大的学子，怎么显出北大的水平呢？那就是我看了许多书。一说到马尔克斯，我不陌生。我不会跟你说马尔克斯不是早就死了吗，怎么昨天才死啊，就不至于出这样的洋相。你说什么我都不陌生，这时候我们的工作里面，你看书肯定会有所成就。现在好书出得多，烂书也多。我们先说经济学，就经济学里面，我认为北大教授周其仁的书特别值得看，我觉得周先生首先有扎实的理论根基，而且他有丰富的实践，当年在农村发展研究所的那批人，周其仁、张维迎当年都是研究所的，那批人后来出国，当年在国内对中国社会非常了解，以后又出了国，然后又有理论基础，现在回来，周其仁先生也是经常到外地进行调研，所考虑的问题很多都是现实的问题。经济学有两种，一种你说的理论没错，但是问题是在中国现在很难行得通。你的理论再好，市场化怎么怎么样，在中国现在行不通。但是周其仁写的很多东西，不仅对中国的问题有深刻的认识，而且很多建议能够行得通。所以我觉得周其仁的书特别好，最近有一本书是《改革的逻辑》，去年出版的，这本书写得非常好。

还有很多经济学的书写得不错，比如说吴敬琏先生，吴先生是老一代经济学家，别看吴先生人老，但是思想不老。吴先生今年84岁，吴先生的思想非常先进。而且吴先生在中国代表一种思潮，什么思潮？吴先生对中国的未来非常发愁，吴先生说市场经济十字路口，一条路劳动人民富裕，中国社会强大，这是好的市场经济。而另一条路，权贵资本主义，那就是很危险的路。所以他总警惕中国千万不要走上权贵资本主义。吴先生去年写这本书《重启改革议程》，我建议大家多看看，吴先生和另外一个作者写的《重启改革议程》，最早出来叫《中国改革二十年》，后来再次印的时候换了名字。吴先生这本书非常值得看。

研究中国问题，现在说空话的多，讲议论的多，但是拿出证据的真正进行实地研究的太少。有一本书是王小鲁写的《灰色收入与发展陷阱》，中信出版社出的。这本书里面研究中国收入分配问题，灰色分配的严重性。我觉得他写的东西很多都分析得非常有道理，你如果想做经济研究就可以看这本书，怎么收集资料，怎么样去分析问题，这时候你的水平就提高了。这本书在结论上很有意义，在政策上可以在研究方法上作为我们学习的一个榜样。

国内还有一本书，韦森写的《大转型》。国内现在经济学分两类，一类经济学家为林毅夫和张军，他们都认为中国在二十年内平均8%的增长没问题，所以到2020年完全可以超过美国，他们认为中国现在的问题不是消费不足，也不是出口不足，仍然是投资不足，还要增加投资，这是一种看法。可以看看张军的书《中国经济再廿年》，这是北大出版社出的，这本书是张军观点的集中体现。但是韦森这本书完全是反对他们观点的。有一次我在上海和韦森吃了一次饭，他说我跟张军讲，你们说的增加投资每年到8%，8%需要多少投资，为这些投资中国得投资多少万亿。钱从哪儿来？他说的时候慷慨激昂，但是他写的书还是很有道理，这本书你们可以看一看。

海外的经济学家，有一个人我很喜欢，是陈志武，他对中国经济还是有感觉，他写的书《为什么中国人勤劳而不富有》，中国人优秀品质就是勤劳勇敢，但是为什么他们勤劳半天还穷乏饥饿呢？所以他要分析中国制度问题。还有一个人是许小年，他是市场经济的大腕，主张市场经济。其实政府很重视他，上次政府开宏观经济分析会，专门请他来参加，这说明中央对他的一些见解还是挺重视的，不重视就不找他了，把他从上海请过来。但是他的调子基本是反政府的，他反政府，政府还请他，说明他反的有道理，不是瞎反，他是给政府提意见。这本书叫作《从来就没有救世主》，这本书写的也特别好。从来就没有救世主什么意思呢？就是政府不要干预经济，有时候你越干预越糟糕。我们举个例子，中国从西汉开始到解放前，中国的GDP一直没有超过人均500美元，中国人均GDP最高的时候是北宋，北宋为什么最高？就是政府管事最少。因为宋太祖设计的制度就是一切权利集中在皇上身上，下面的官员地位、职称和你的工资，反正是特别乱，总之一个目的，我让你当官不知道干什么，你就好好领一份薪水就行了。宋太祖自己工作勤奋，这个制度可以有效地实行中央控制，但是以后的皇帝，或者是笨蛋，或者是懒惰，宋徽宗干什么？白天上工笔画，一个毛都要描好几下，那什么时候能画完一幅画啊！他去画画。晚上找李思思"卡拉OK"，他也没有管政治的时间，因此政府管，好了，放开经济，清明上河图的繁荣景象就出现了。我们知道宋朝是中国经济、文化、科学、历史上的不可逾越的高峰。为什么？就是政府不管。回过头来再说中国封建割据的时候，南北朝时期，这时候其实叫中国分裂，但却是中国经济发展最快的时候。有一本书叫《统一与分裂》就是讲这个道理。所以政府管的越少越好，许小年的书就是体现了这个意思。我们看中央宏观经济会请他来，说明对他也非常重视。

所以现在的书，乱七八糟的书很多，很多关于当前经济的书我也看了不少，看完之后都是两个字——后悔。为什么？实在没看到什么东西来，你看完了，无论是资料，无论是观点，总得给我启发。这些书你看了以后有震撼，你总觉得在一点、两点上受到震撼，这个书就没白看。所以我觉得经济学，你们可以看这些书，这些都是挺好的书。

我们不仅要看经济学的书，也要看非经济学的书。你喜欢什么可以看什么。比如说你喜欢文学，可以看文学。你喜欢将来当企业家，可以选择各种企业家的传记，李克强推荐的书有一本叫作《乔布斯传》。我看过最好的传记是写沃尔玛创始人，这本书的名字叫《富甲美国》，这本书是沃尔玛创始人写的回忆录。看完这本书我的感觉是，要当一个成功的企业家，必须首先是一个好人，这本书看完以后对我强烈的冲击就是在这儿。所以我经常跟老板们讲课，我说好人不一定能当企业家，但是好的企业家一定是好人。也就说你不仅要业务上操作上有一套，而且你要有一个崇高的品质。我现在退休了没什么事，就是玩商帮文化，不叫研究，只能叫玩儿，所以我写的书叫《走马看商帮》。我就发现，但凡各个商帮，成功的企业家，首先是一个非常好的好人，像乔家这些人，像山西常家这些人，在做人上都非常完满。我们中国有句话做商先做人，中国的企业家，我推荐一本书《大染坊》，这个电视剧都看过，但是小说里面写的企业家确实很好，写他把竞争对手打败的，但是我不是把你掐死，给你留一口气，让你有重新起来的机会，这就是中国人讲的宽容。有这个胸怀的人，你的企业就能做成功。如果你一心要把人家整死，花了很大劲儿把人家整死，你要记得敌人是收拾不完的。你把他整死了，可能又有其他敌人，也可能更加强大。也许你不把他整死，他改邪归正以后还可以跟你合作。所以你看这些小说都会有不同的感受，这些感受可能人的年龄阶段不一样，获得的感受不一样，但是这种感受对你们的一生都非常重要。

所以喜欢什么书看什么书，你未来更容易成功。尤其你们大学阶段，仅仅是起步的阶段，至于将来做什么，将来怎么做，每个人都前途无量，但是给你机会你能不能抓住，就看你准备得充分不充分。历史很公正，每个人都会给一次机会。你认真读书了，你长了本事，有机会你就能抓住机会改变你的命运。如果来了机会，你没有准备好，有机会你也抓不住。我说我个人的经历，我在东北十年，认真自学了英文，还在读书，因此招考研究生开始，我们县当年大学生多得很，300多人报名考研究生，最后考场上只有我一个人，因为其他人答了一两门课一看没有什么希望就不考了，最后就我一个人，录取的也就我一个人。这就是我看了书，有了机会我就抓住了，那些没有抓住机会的人，他们在当地生活很困难。我是林业局的，林业局的日子过得很困难。同样这些机遇以后也会发生，你现在准备好了，来了机遇，我抓住机遇，就不愧是北大的毕业生。如果将来来了机遇,我没有准备好,对我们也没用。而抓住机遇就是要读书。

我做这个讲座的意思是,我希望北大的同学一定是前途无量。未来中国叫不叫发展?我说不叫,中国尽管经济近期有困难,但是中国未来的前景非常辉煌。因为中国经济的潜力并没有发挥完,中国接下来还要进行城市化,而城市化中国远远没有结束,说明中国的经济发展潜力仍然没有发挥完。现代化国家最少要实现50%城市人口,像美国,城市人口97%,欧洲低一点也有百分之八九十,我们现在还有多少城市人口呢?按报纸说是52%城市人口,但是我们说这是伪城市化,为什么?城市人口叫作有工作、有住处,在中国有户口,符合这个城市化的也就是27%左右。我们城市化的路程远远没走完。既然中国经济发展有前景,我们未来的学生同样有前景,这是中国经济的前途,中国未来一定有前途。但是这个前途能不能落实到每个人身上,就看我们准备得怎么样,而准备就是要好好看书。

今天时间比较有限,我就讲到这儿,谢谢大家。

提　问:您好,梁老师,现在您的《经济学原理》人手一本,我比较好奇您在翻译时候的工作状态,是手写还是电子版?您在翻译中遇到什么难题了吗?

梁小民:我翻译这个完全是手写,我直到现在也不会打字,只能说我自己笨。我写稿子不会电子版。当年翻译一篇六七千字，因为人有毅力就能做下来，不够六千字不睡觉，够了可以解放自己。做事有一个逼的精神，觉得今天好累躺下吧，这样一天天都累，你如果逼着自己做也就做好了。最困难的是有些词不好翻译，知道是什么意思，但是用中文说不出来，难在这儿。有时候就得参考别的书，有时候需要向别人请教，尤其是请教在美国留过学的。过去经济系有几个英文很好的？像陈振汉先生，英文水平非常好，他是毛选编辑委员会英文版的编委会委员，和钱钟书先生都是委员，所以陈振汉先生英文非常好。所以你有实在摸不清的词汇给他打个电话，他一定给你一个满意的回答。另外还有一些年轻的，英文都是很好的，请教他们。

提　问：梁老师好。您是北大的学生，也给我们在座的同学很高的期待，请问您在北京大学学习期间最大的收获是什么？什么力量激励你在经济学领域攀登一个又一个高峰？

梁小民：没有攀高峰，已经攀不动了，过去也没有能力攀，因为经济学没有数学难爬高峰。过去在北大经济系对我最大的教育就是怎么读书。彭真同志说过，你们读书，一本书读好就可以，但是一定要读深读透。彭真当年在监狱，那时候国民党监狱还可以看书，所以他看《路德维希·费尔巴哈和德国古典哲学的终结》，这本书看透了，他说掌握了马克思主义，他后来也做了我们国家领导人。我听了以后特别受益，所以我在63年的暑假也认真读《路德维希·费尔巴哈和德国古典哲学的终结》，这本书读了对我以后读书影响特别大。所以北大首先是读书的精神。第二，北大同学读书叫自由主义，就是有批判精神，什么东西都得问为什么这样，这时候北大同学就有自己独立的思想。我说一句真心话，自由独立不是北大的精神，是清华的精神，为什么这么说？北大过去来源就不光彩，大清帝国创办的京师大学堂就是北大，那时候大清帝国的官员到这儿学习，所以那时候学习，学生都叫老爷，老师都是比官员低，我们北大从这儿来的。而且在解放以前，北大出名的是政治运动而不是学术。北大真正能够拿出来的系只有一个，就是中文系。所以我跟陈平原说你们中文系是北大最早成名的系，现在也是最晚倒的系，现在还没倒掉，即使倒掉也是最晚倒的。所以当年北大的自由精神，北大和清华合并了，实际北大里面来了很多清华的自由独立精神。我也有一个想法，现在没有变成现实，我一直想写一本《我在北大二十年》，我在北大本科生读过，"文革"经历过，研究生读过，老师当过，我想把在北大的经历写一本书，真正回忆北大的优点和缺点。但是我怕写这个得罪人，因为你总不能都是吹捧，总得有说不好的东西，这恐怕得得罪人。但是什么时候有时间，等我快死的时候一定写出来，那时候得罪人也不怕了。北大这段经历是我一生最重要的经历，也许你现在不觉得怎么爱，人生越长越感到这段经历的重要。我尽管离开北大，人家都说一看你就是北大的学生。所以你在北大上学，未来你老年回忆的时候，这是你生活中最有意思的一段。而且你们现在生活比我们当年丰富得多，我们哪敢谈恋爱啊，男女同学在一块儿就是汇报思想，向团组织汇报思想，又有哪些资产阶级思想冒出来了，我通过学毛选怎么样改变，就跟组织汇报这个，很认真地说。女同学听完以后很严肃地说，梁你还是有进步的，资产阶级思想一天两天挖不完，还要好好学毛选。学完了，也就拜拜再见了。那是当年的男女同学，那就是我们当年的生活。你们现在比我们当年幸福得多，你们未来的回忆，不仅会有读书学习，丰富的生活，还有难忘的爱情回忆，这才是人生丰富多彩。

提　问：梁老师，您好。我们今天来了很多经济学院的学生，很幸运我们这一届是平新乔老师的弟子。在平老师的教学方式下，我们把《经济学原理》读得很好。我有一个问题是，关于在读书中几个细节性的问题。我们在上课的过程中也是一种读书，我们在读自己的教科书，但是现在的教学体制并不像您说的那样，我们从大一到大四，会有好多的专业课的书，不止一本教材，您对我们如何读上课的教科书有什么建议？除了上课的教科书之外会有一些课下的书，包括老师推荐的书和我们自己愿意读的闲书，您觉得我们读这些闲书的过程中以什么态度，是求量还是求质？在读的过程中怎样给自己最大的启发？

梁小民： 每门课都有好多书，但是你一定不要什么书都读，你重点学的课，就是你感兴趣的课，你不感兴趣的课只有一条，通过就可以。所以这点很多同学都知道，争取全优，实际上全优的学生不一定是好学生。这不是我说的，毛主席说的，毛主席的女儿原来是北大历史系的学生，毛主席就说她，你看你老读书，门门优没有用的，你在某一门上面有创造性这才有用。我觉得这个话还是正确的。所以我说你现在要不要门门追求优呢？我看不见得，有些课基本就是通过就可以，但是有些课你感兴趣的一定要下工夫学，人不可能什么都学好，往往是全优的学生不一定是好学生，很多全优学生都是研究生时候全优，但是到论文答辩的时候过不了关，自己缺乏创造性。课程同样的学，你感兴趣的、未来准备从事的课是学的重点。这个书也不需要全看，也不可能看得过来，我们当年上课也是这个老师留一大堆，那个老师留一大堆，根本不可能看完，每个老师都想让你多看书，都想让你一人吃一碗饭，结果给你十碗饭撑死你，所以不能学什么书就看什么书，看书要看重要的，而且不能每门课都用同样的精力，一定把力量集中在你喜欢的课。还有就是特别要把外语学好，不是说考试考过六级、八级，而是第一能够说话，能够流利地对话，第二要能够流利地看书。我不知道现在的外语情况，当年我高中学三年外语，大学学三年俄语，学了六年，一本书都看不了，我看的第一本书《列宁主义万岁》，看的满篇都是生字，那有什么用呢？根本没用。厉以宁老师当年告诉我说，你要学好外语，你必须要看一本书，他给我指了一本书叫《俄国经济史》，布朗斯基写的，我看了那本书真正过了阅读关。所以你们现在看书和口语，口语怎么听？每天坚持听一个小时，将来口语肯定没问题。这个方面你们平老师有经验，平老师过去外语也不行，人家就是坚持天天听的精神，最后美国博士学位拿到了。所以我对平老师很敬佩，那是非常不简单的。

看书，一般的书都不求精读，有的时候甚至不用全看完，你看最感兴趣的部分，因为咱们不是求统计数字，得多少本书或者怎么的，你就是读你感兴趣的东西。比如说人家都说的有名的东西，像马尔克斯的《百年孤独》，咱们有兴趣就看一看。现在我正在看日本人写的中国史，叫《中国的历史》，一共是十本，这个书我觉得不错，正在看。但实际上这里面有一本、两本特别好，就是写三国历史的那块儿，还有写魏晋南北朝最好，为什么呢？因为对这段历史我当年一直糊里糊涂，但是看完这本书全清楚了。其他的你可以看一看，基本翻一翻就知道这本书怎么样，如果好继续读，如果不好就拉倒。另外得学会看休闲的书，不要光看很严肃的书。什么休闲书呢？我就是武侠迷，我就看武侠的书。现在看当前国外写的经济小说，你休息的时候看这样的书，看完觉得精神爽，再看专业书立马好了，这就是马克思说的，累的时候就玩数学做数学题。马克思超天才，咱们正经时间都不想做数学题，还休息做数学题呢。咱们休闲的时候就看惊险小说、武侠小说，我看得非常乱，连《鬼吹灯》这些书我都看过，盗墓小说我都看过，我就看紧张、刺激、好玩。但是好玩之后精神爽，做什么事就快。看得越多，看得越快。你看到好的段落要记下来，特别有意义的记下来。现在看书做笔记挺好，我们过去看到好的地方都把它抄下来，多费事啊。不一定要多看，也不一定每本都精读，有的泛泛地读一段。因为世界上的书太多了，你不可能每本都看。我中学的时候就想将来一定要看遍世界的书，到了北大一看，北大的书都看不完，还看世界的呢，拉倒吧。看书没有经验，他介绍的经验不一定适用你，你介绍的经验不一定适用他，自己在读书的过程中逐渐摸出读书的经验。我有一本书叫《想读》，原来我起的名字叫《胡看烂写》，后来上海人很正经，知道《胡看烂写》里面讲的都是马克思的，怎么能说胡看呢，不严肃，所以改成《想读》。很多读书的经验都写在这本书里，但是我的经验不适合任何一个人，作为一种过来的经验可以供你们参考。

提　问：梁老师，我的问题是，您在选书的时候考虑哪些指标、哪些因素？是通过别人的推荐还是看前言、后记，你怎么挑选要看的书？

梁小民：我选书两个路子，首先我不会上网，因此我不能从网上选书。我现在一是看各个发表的书评，我看平面媒体比较多。像《南方生活周刊》《新京报》这些报纸都有书评。还有一个是听别人介绍。读书交流非常重要，有些书我们不会注意到，比如有一套书叫《大秦帝国》，写得挺好，当年我看这本书，13本，我知道，但是没敢看。13本，不看死人啊！但是后来我到厦门大学去，厦门经管学院副院长跟我说一定要看《大秦帝国》，我回来之后买来看，看完以后特别有感触，所以我专门写了一篇书评，叫作《中国封建专制的根》。中国的封建专制制度从哪儿来的？就是从秦始皇来的。看完这本书以后让我对这个问题有了一个非常明确的认识，所以写了这个书评。我最近在北大出了一本《随书而飞》，里面收录了这个书评。所以一个是看报刊的介绍，第二个是听朋友介绍。我不会上网，但是你们最捷径的渠道就是上网，看看书目就知道。看书什么原则呢？我的原则两个字——兴趣。没兴趣，再重要的书我也不看。很多出名的书，像柴静的《看见》，我也不看。我就看我自己有兴趣的书，这样看书不累。你为了完成任务看书好累，你爸给你指定这几本书得看完，你看得很累。你自己感兴趣的书一会儿就看完了。所以，我认为兴趣是人生最重要的东西。

提　问：梁老师，您好。我发现像您这样的大师，写了很多作品的人，都特别关注生活中的问题，并且能够从经济学的思维来思考。虽然我们现在学了很多跟经济学有关的知识，但是在经济学思维方面还是有些欠缺，我想知道您是如何培养这种思维的？是通过读书，还是通过观察生活中的事情？是边思考得到的结论，还是先有了思维才能关注生活中的事情？

梁小民： 我之所以写一些生活的东西，主要是我在美国进修的时候，你没数学，想在经济上攀登高峰，不可能，但是咱们还得在这个行当混，我就在美国看了很多大家写的杂文。我曾经买到一本克鲁德曼的英文版的书，里面还夹了一个条，说这本书多么好看，希望你一定要珍重这本书。我看他们书的时候就感到，他们的书用的都是基本的经济学原理，问题是你怎么用这些原理分析现实的问题，当年这就是我的一条路。这么定下来以后你注意去看书，不是说带着问题看书，而是你头脑中可能有很多问题，但是偶尔一个事情感触了你，你马上就联想到这个问题背后的东西。举个例子来说，有一次我们在成都开会，我们一帮人年纪比较大，有一个女的，看着挺年轻的，没人理她。她找我说，老梁，你们怎么不理我，好像没我似的。我说我们这帮人都是半大老头子，你还是小姑娘，很年轻。她说梁老师我还年轻什么，我女儿都共青团了，我都一把年纪了。她说你看我的手，我一看确实是苍老的手。什么叫信息不对称，什么叫信息筛选，这就是信息筛选，根据脸看不行，为什么？脸可以整容。你根据打扮看也不行，为什么？打扮都可以改换，比如梳个披肩发立马年轻了。什么不能改换？手不能改换，没有人整容手，所以你一看手就看到真实信息年龄多大。很多事情就是这么联想出来的。你们刚刚进入生活，大学属于一个单纯的阶段，人生很多朋友都是这个阶段。工作以后往往很难有朋友了，为什么？人与人有利害关系，你提拔处长我就完蛋了，我提拔处长你也不行了，咱们有利害关系了，因此很难见真的友谊。但是大学时代，我们同学都是天真的阶段，没有任何经历，所以我们现在友谊是永恒的，可是生活也就比较单调。所以你们在以后的生活中，可以有更多的现实的考虑，每天记日记，你觉得这件事情挺有感触就记录下来，时间长了再回头看，这个日记将来对你非常重要。可惜我当年写的日记，如果现在留下来，都可以出版。你写日记会经常考虑，对自己特别有好处，日记不见得记特别隐私的事，那时候我的很多感触很多事情可以记在日记上，这时候你的分析水平逐渐就提高了。

提　问：梁老师你，您好。我们的诱惑蛮多的，除了读书以外会有社交，读万卷书不如行万里路不如阅人无数，如果我们静不下心读书怎么办？

梁小民：这些诱惑非常多，但是读书是一个基础，你可以走万里路，也可以广泛的社交，但是首先大学要把书读好。社交、做学生工作这些和你未来的志向相关，比如我将来从事社交工作，比如做媒体，你就要会社交，要各种打交道，你看书就是围绕这方面看，但是你也要去实践社交。如果我将来通过行路带来很多知识，行路也很重要，但是国内各个城市，玩来玩去，你觉得全是一个样，到哪个城市都是大楼、麦当劳、星巴克、沃尔玛、家乐福，各个城市全一样，这跟过去各地游完全不一样。八十年代你到成都、厦门、杭州都有自己的特色，但是现在你去哪个地方都是那样。有一次我在杭州，走着走着突然想我是在哪儿？是在成都还是在厦门？想了半天，哦，我是在杭州。就是因为没有特色了，街上的铺子全是各种时装的铺子，都没有特色了。所以中国现在的旅游就有这个问题，走到哪儿都一样，当然很多深山可以去，旅游点真的没意思。你到九寨沟，你想照相，一个挤一个，前面照相还摆POSE，后面嚷着快下去，你还有什么心思照相啊！

提　问：梁老师，请问您在做研究的过程中怎样调研？

梁小民：这个研究不一定全做调研，有两个研究，一种研究做理论研究，理论研究就是你抓住一个题目，首先查找相关的文献，然后归纳出别人的观点来，在这个基础上再找出你的观点来。这种研究要不要做档案研究呢？不用做,完全是理论研究。第二，做结合实际的调查研究。这种研究我的体会主要是围绕一个问题，抓住一个点，抓住一个样板。这个样板所得的结果各种各样，你要实事求是忠实结果，但是得把和你的研究没关的东西给它删掉，这就是经济学上所做的假设。比如说我来这个县研究，我就要研究这个县的环境污染为什么这么严重。你是专门研究问题，因此这个县的人肯定告诉你，我们这个县翻了几番，人们生活发生多少变化，这些东西你通通不用管，我就专门研究你的污染问题，这时候你搜集资料也好，找那个点也好，就有重点了。尤其下去的时候不能受当地领导的误导，当地领导肯定在你的研究里面把他吹捧一通，你的目的是研究一个问题，而并不是给歌功颂德。你们有兴趣可以找周其仁先生聊一聊，周其仁先生在农村调查小组的时候专门了解中国农村问题，这个研究对周其仁以后的成果影响挺大，所以你集中几个问题和他聊一聊，周先生是北大的，他肯定会热情地欢迎你，你从他那儿一定可以学到很多东西，这方面周先生比我强，我就不多说了。